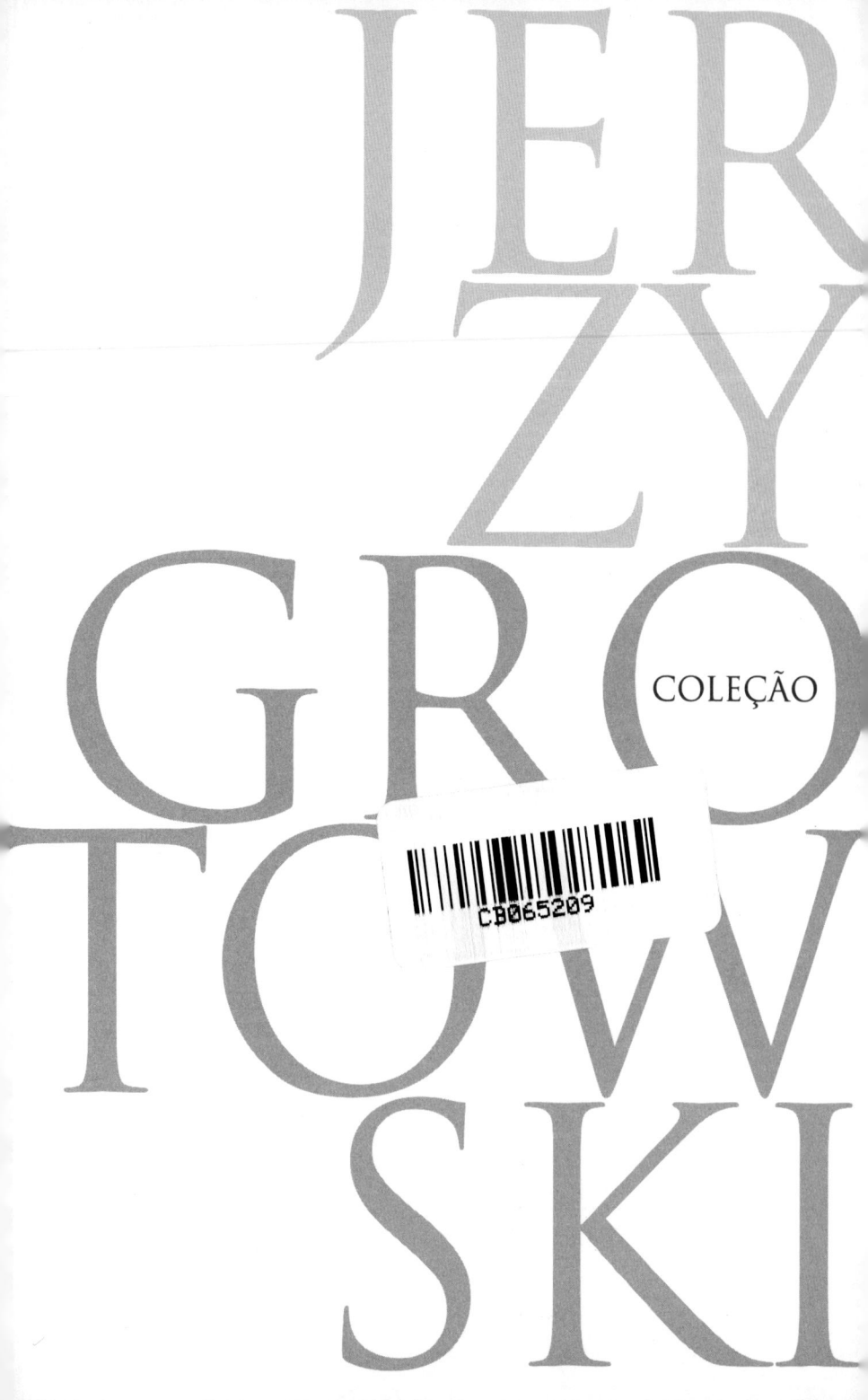

# JERZY GROTOWSKI

COLEÇÃO

Copyright © Actes Sud, 1992
Copyright da edição brasileira © 2015 É Realizações
Título original: *Ryszard Cieslak, acteur-emblème des années soixante*

*Produção editorial, capa e projeto gráfico*
É Realizações Editora

*Preparação de texto*
Nelson Barbosa

*Revisão*
Geisa Mathias de Oliverira

Reservados todos os direitos desta obra. Proibida toda e qualquer reprodução desta edição por qualquer meio ou forma, seja ela eletrônica ou mecânica, fotocópia, gravação ou qualquer outro meio de reprodução, sem permissão expressa do editor.

CIP-Brasil. Catalogação na Fonte
Sindicato Nacional dos Editores de Livros, RJ

R989

Ryszard Cieslak: ator-símbolo dos anos sessenta / organização Georges Banu ; tradução Roberto Mallet. - 1. ed. - São Paulo : É Realizações, 2015.
160 p. : il. ; 21 cm. (Biblioteca teatral)

Tradução de: Ryszard Cieslak, acteur-emblème das années soixante
ISBN 978-85-8033-188-2

1. Cieslak, Ryszard, 1937-1990. 2. Teatro - Técnica. 3. Representação teatral. I. Banu, Georges. II. Série.

14-18921
                                                  CDD: 792.02
                                                  CDU: 792.02

29/12/2014    30/12/2014

É Realizações Editora, Livraria e Distribuidora Ltda.
Rua França Pinto, 498 · São Paulo SP · 04016-002
Caixa Postal: 45321 · 04010-970 · Telefax: (5511) 5572 5363
atendimento@erealizacoes.com.br · www.erealizacoes.com.br

Este livro foi impresso pela Assahi Gráfica e Editora, em fevereiro de 2015. Os tipos são da família Bembo Std. e Didot.
O papel do miolo é o off white norbrite 66g, e o da capa, cartão supremo 250g.

# RYSZARD CIESLAK
## ATOR-SÍMBOLO DOS ANOS SESSENTA

Obra coletiva organizada por
Georges Banu

*Tradução de* Roberto Mallet

*Revisão técnica de* Tatiana Motta Lima

Agradecemos ao Centro de Estudos sobre a
Obra de Jerzy Grotowski e de Pesquisas Teatrais
e Culturais de Wroclaw, na Polônia, por ter
generosamente colocado à nossa disposição
seus arquivos e documentos fotográficos.

# Sumário

O Ícaro do Teatro | 11
*Georges Banu*

O *Príncipe Constante* de Ryszard Cieslak | 19
*Jerzy Grotowski*

Traços para uma Biografia: 1937-1990 | 31
*Zbigniew Osinski*

Em Memória de Cieslak | 41
*Ferdinando Taviani*

A grafia do ator | 69
*Serge Ouaknine*

O Pequeno Tablado de Cieslak | 95
*François Regnault*

Ryszard, Sempre Mais Além | 97
*Raymonde Temkine*

A "Santidade" de Ryszard Cieslak | 105
*Margaret Croyden*

Palavras sobre um Ator | 111
*Jozef Kelera*

O Ator-Estátua | 121
*Georges Banu*

O Obscuro | 131
*Lech Raczak*

Morte de um Grande "Príncipe" | 137
*Jean-Pierre Thibaudat*

Testemunhos | 143
*Peter Brook*

Corro para Tocar o Horizonte | 151
*Ryszard Cieslak*

# RYSZARD CIESLAK
## ATOR-SÍMBOLO DOS ANOS SESSENTA

# O Ícaro do Teatro

*Georges Banu*[1]

CIESLAK, UM DESCONHECIDO!

Na França, ao menos, o que ouvimos dizer todo o tempo é que Ryszard Cieslak já caiu no esquecimento, e que tal esquecimento não tem muita importância. É o que se afirma, sem nenhum embaraço ou inibição. Lamentando essa amnésia, aqueles que sabem quem foi ele reúnem-se aqui para dizê-lo. Como velhos conjurados... Recusam o abrigo do próprio silêncio protetor, a fim de lembrar o nome do ator que se foi, sua arte e seu drama. Esta obra nada tem de diretamente polêmico perante os sinais de falta de cultura teatral vigente, não propõe nenhuma cruzada; apresenta-se como um registro para aqueles que, um dia, quiserem saber quem foi Cieslak e como uma confissão para os que ainda o sabem. Depois desse testemunho público, os conjurados retornarão a seu mutismo, já tendo sido lançado o apelo, e se alguém o tiver escutado saberá decifrá-lo e guardá-lo.

Cieslak é o ator em quem se encarnou mais que um personagem, uma estética, a de Grotowski. Indissociáveis, os dois realizaram juntos *O Príncipe Constante,* inspirado em Calderón, espetáculo em que se realizou um dos mais radicais sonhos do teatro do século XX.

---

[1] Georges Banu é autor de várias obras consagradas especialmente ao teatro do século XX. Foi professor na Sorbonne Nouvelle e colaborador na Académie Expérimentale des Théâtres.

No brilho da obra-prima, muitos foram os que, nos anos 1960, perceberam a explosão dos limites do teatro e a extensão inesperada de seu território. Não se tratava, como de hábito, da encenação de uma peça, mas de imaginar a partir dela uma nova expressão do teatro. Aquela que Artaud havia intuído e que Grotowski, sem tê-lo ainda conhecido, conseguia realizar. O corpo de Cieslak foi o lugar dessa "incandescência organizada" que, para os dois, designava a vocação suprema do ator. Ele tocou o horizonte de um teatro no qual uma geração inteira se reconheceu. Enquanto outra o combateu. Cieslak e seu Príncipe estavam no centro de um confronto.

Cieslak foi percebido pelo mundo teatral, quando se revelou, como um ator prometeico. Dom e sacrifício: os dois polos desse corpo que se imolava em *O Príncipe Constante* e atingiu a conclusão de sua busca inicial em *Apocalypsis cum Figuris*, último espetáculo da época teatral de Grotowski. Participou em seguida das atividades parateatrais, ensinou, dirigiu e terminou seu percurso no *Mahabharata*. Trabalhou com apenas dois encenadores: Grotowski e Brook.

Monique Borie, no seu livro *Antonin Artaud. Le Théâtre et le Retour aux Sources* [Antonin Artaud. O Teatro e o Retorno às Fontes], aproxima a visão artaudiana do ator ao papel atribuído nas sociedades tradicionais àquele que a antropologia denomina o herói exemplar. O herói que por seus atos resgata uma cultura e protege uma comunidade. É o herói que, ao preço de seu corpo calcinado, garante o resgate e permite a proteção, é o herói que, imaginariamente, cristaliza todas as virtudes do sacrifício. Para Artaud, diz Monique Borie, esse herói nos tempos modernos poderia ser o ator, único artista dedicado à imediatez incendiária do ato cênico. Se Artaud fez o voto, Grotowski, graças a Cieslak, cumpriu-o. E assim com *O Príncipe Constante* uma utopia foi consumada. Hoje que estamos na planície, a ascensão de então,

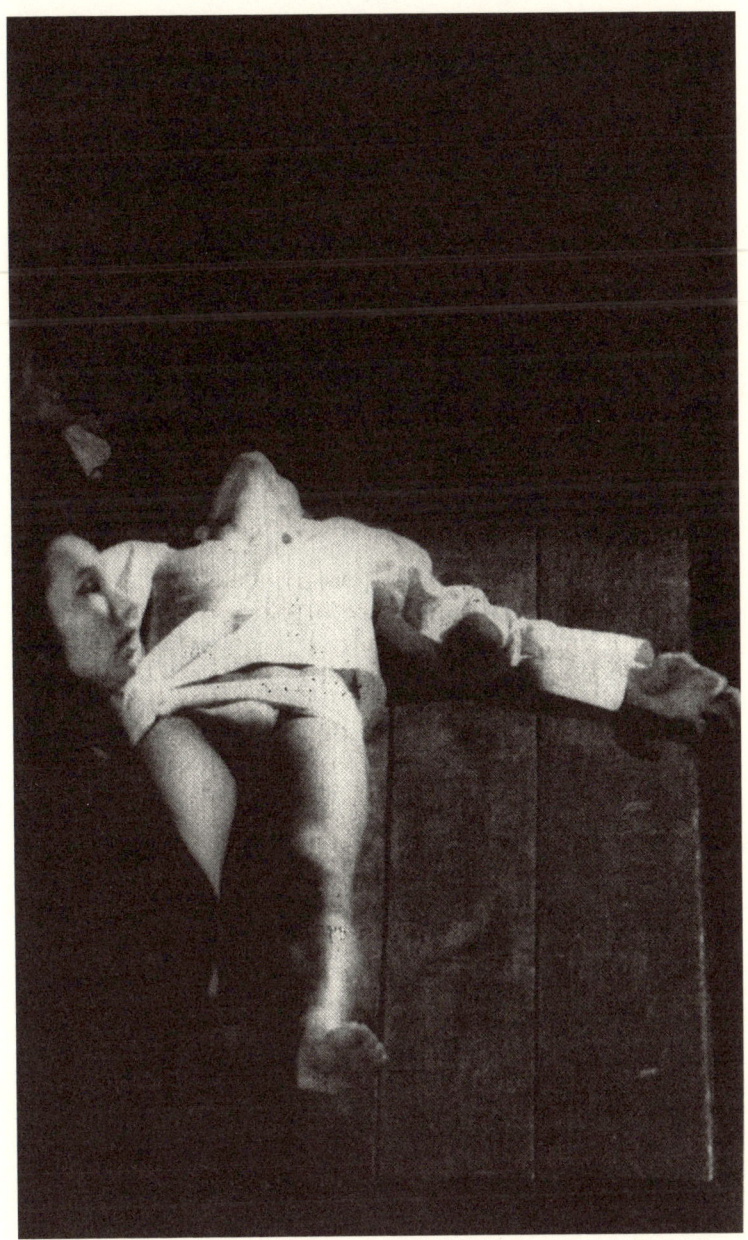
Ryszard Cieslak em *O Príncipe Constante*.

mesmo se não é ignorada por todo mundo como querem nos fazer crer, parece ter terminado. Abandona-se o romantismo dos cumes e esse impossível que Cieslak conseguiu tocar sob o olhar intransigente de seu mestre.

O grande ator é um ser realizado: assim Cieslak foi percebido. Por isso aqueles que se aproximaram dele no momento de *O Príncipe Constante* e que falam aqui só podem expressar seu inesquecível deslumbramento. A experiência de ver pode erigir-se às vezes em verdadeira experiência de vida. Os testemunhos reunidos agora parecem narrativas de uma aventura pessoal em que a arte afeta o vivido e revela um mundo novo. De outra maneira, inatingível. Esse discurso não poderia ser um discurso técnico, pois demanda uma confissão, testemunhando uma experiência interior, a do encontro ator-espectador.

Este livro, que traça o percurso de Cieslak, evoca suas *performances*, testemunha sua herança, concentra-se especialmente no núcleo radioativo dos anos 1960, *O Príncipe Constante*. *O Príncipe* foi uma revelação e, ao mesmo tempo, uma miragem que desviou muita gente, tanto na Europa como na América. O que há de mais enganador que a realização de um milagre, a aparição de um herói, a cristalização de um teatro? *O Príncipe Constante* ou o cristal com múltiplos reflexos cintilantes! Quem ainda poderá compreender hoje o poder deflagrador que teve então? Aqueles que experimentaram sua atração recordam agora esse impacto. E sua força mnemônica. "Jamais esquecemos o que pertence à ordem do essencial", costuma dizer uma amiga. E o Príncipe de Cieslak pertencia a essa ordem.

A realização de Grotowski e de Cieslak com *O Príncipe Constante* jamais teria tido tanta repercussão se estivesse limitada à cena.

Ela situa-se na convergência do teatro e de seu tempo, pois uma *equipe*, a do Teatro Laboratório, nela se afirma; uma *expectativa*, a da geração dos anos 1960, nela se reconhece; uma *nação*, a da Polônia amordaçada, nela se identifica. De um lado – o do corpo –, o Príncipe encarna a expressão de uma liberdade conquistada; de outro – o dos valores –, exalta o dever da resistência e a recusa a se dobrar. Os textos aqui reunidos confirmam-no: *O Príncipe Constante* foi uma deflagração estética, bem como uma cura. Seu incontestável valor terapêutico foi pago por Cieslak com o preço do próprio corpo. Do seu presente. Também do seu futuro. Ele continuou ligado ao rochedo do *Príncipe constante*. Fixou-se nele a fim de evitar essa degradação engendrada por todo ato que se repete. É por ser único que Cieslak fascina.

Hoje, no momento em que este livro reúne textos de Grotowski e de Brook, de Taviani, de Ouaknine e de outras pessoas de teatro; hoje, que insistem em repetir que Cieslak não mais existe para os artesãos da cena contemporânea, surge uma lembrança: a do quadro de Bruegel, *A Queda de Ícaro*. No primeiro plano, um lavrador escava a terra, enquanto, quase despercebido, Ícaro desaba no mar. Não vemos nem suas asas nem seu corpo, somente os respingos de sua queda. Parece o personagem de um episódio secundário nessa natureza tranquila em que um camponês, imperturbável, continua a cultivar seu terreno. Sem dúvida, continuarão os esforços para traçar o sulco do teatro, mas podemos ignorar que alguém despedaçou sua vida para ampliá-lo e que, depois do êxtase do primeiro voo, ele não parou de cair? Cieslak é o Ícaro do teatro e este livro tenta desesperadamente captar aquele mesmo jato d'água minúsculo que deixa atrás de si o personagem alado na tela de Bruegel.

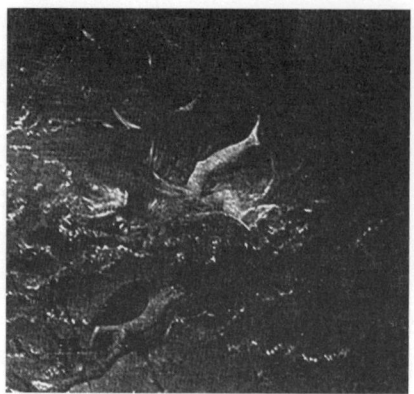

Bruegel, o Velho, *A Queda de Ícaro* (detalhe).

Cieslak, lembramo-nos dele; dizem em coro esses heróis e figurantes dos anos 1960!

Ryszard Cieslak em *O Príncipe Constante*.

*O Príncipe Constante* de Ryszard Cieslak

Jerzy Grotowski

ENCONTRO "HOMENAGEM A RYSZARD CIESLAK", 9 DE DEZEMBRO DE 1990[1]

Senhoras e senhores, vou falar de forma muito pessoal, tentando ao mesmo tempo manter um certo rigor.

Quando penso em Ryszard Cieslak, penso em um ator criativo. Acho que ele era mesmo a encarnação de um ator que atua tal como um poeta escreve, ou como Van Gogh pintava. Não podemos dizer que é alguém que representou papéis impostos, personagens já estruturados, ao menos de um ponto de vista literário, porque, mesmo que ele tenha conservado o rigor do texto escrito, criou uma qualidade inteiramente nova. Parece-me fundamental compreender esse aspecto de seu trabalho.

Ele representou vários papéis antes do Príncipe constante. Um dos papéis importantes foi Benvoglio no *Fausto* de Marlowe,

---

[1] Este texto é a transcrição, revista e corrigida por Jerzy Grotowski, de sua fala no encontro consagrado a Ryszard Cieslak, em 9 de dezembro de 1990, no evento "Secret de l'acteur" [Segredo do ator], organizado pela Académie Expérimentale des Théâtres em colaboração com o Théâtre de l'Europe, na sala do Théâtre de l'Odéon. Na ocasião, foram projetadas sequências do filme *O Príncipe Constante*, gravação a que faz referência Grotowski neste texto.

no qual representou uma espécie de monstro que se torna cada vez mais destrutivo por não se sentir amado. Era como uma erupção de ódio contra o mundo e contra si mesmo, por não ter recebido amor. O papel era secundário na peça, mas na realidade era um personagem de grande importância para o espetáculo, e acho que essa foi, como trabalho de ator, sua primeira grande realização.

No Teatro Laboratório, seu último papel foi o Inocente[2] em *Apocalypsis cum Figuris*. Com esse espetáculo, tornou-se muito conhecido, especialmente na América. Porém, pessoalmente sou mais ligado a seu trabalho em *O Príncipe Constante*, e também a alguma coisa que se criou entre mim e ele ao longo desse trabalho.

É muito raro que uma simbiose entre um dito encenador e um dito ator possa ultrapassar todos os limites da técnica, de uma filosofia, ou dos hábitos comuns. Ela chegou a tal ponto e profundidade que com frequência era difícil saber se eram dois seres humanos que trabalhavam ou um ser humano duplo.

Em *O Príncipe Constante*, trabalhamos por anos e anos. Começamos o trabalho em 1963. A estreia oficial aconteceu dois anos depois. Mas, na verdade, trabalhamos muito após a estreia oficial. A maior parte do tempo, nosso trabalho se desenvolvia num completo isolamento, nenhuma outra pessoa participava, nem os outros membros do grupo, nem testemunha alguma.

Devo dizer-lhes algumas palavras sobre *O Príncipe Constante* no Teatro Laboratório. Aquilo que representamos não é uma peça de Calderón, mas, sim, uma adaptação de um grande poeta polonês, Slowacki, adaptação bem diversa do texto de Calderón, mesmo tendo os mesmo motivos.

---

[2] Esse papel é citado em outros textos deste volume pelo nome "Obscuro".

Em *O Príncipe Constante*, um príncipe cristão, no tempo das batalhas entre cristãos (os espanhóis) e muçulmanos (os mouros), é preso e submetido a todo um ciclo de pressões e torturas para subjugá-lo. De certa forma, é a história de um martírio. Sabíamos muito bem, ao trabalhar esse texto, que a estrutura narrativa, a "história", tinha que aparecer. Sim. Também fizemos algumas alusões à situação contemporânea da Polônia, assim os demais personagens, que não o Príncipe constante, estavam vestidos como juízes de um tribunal militar; contudo, isso não era o essencial. A situação do espectador foi pensada de uma forma bem premeditada. Ele era colocado atrás de uma paliçada, como um *voyeur* ou como um observador numa sala de cirurgia: não é para ele, ele está presente, ele observa, exatamente como um *voyeur*, do alto de uma paliçada, o que acontece embaixo, ele não era realmente admitido.

Antes de projetar alguns fragmentos de *O Príncipe Constante*, quero dizer algumas palavras sobre a origem dessa gravação, porque é instrutivo. Em 1965, permitimos que a rádio de Oslo gravasse o som do espetáculo porque eles eram capazes de tornar invisível toda a instalação de microfones, e de fazer a gravação durante um espetáculo comum, com os espectadores.

Alguns anos depois, na Itália ou em algum outro país onde apresentamos *O Príncipe Constante*, um amador desconhecido, com uma câmera escondida em um buraco na parede, gravou toda a imagem sem o som. Como ele fez isso escondido, nunca descobrimos quem era e como o fez. A gravação foi feita de um só ângulo e com frequência um ator encobre outro diante da câmera. Era o único modo que sua máquina-espiã podia trabalhar. Esse documento, apenas visual, estava à venda em algum lugar e foi comprado pela Universidade de Roma. A Universidade de Roma decidiu fazer uma montagem do som gravado pela rádio norueguesa e da imagem-pirata, muito tempo depois de termos deixado de fazer o espetáculo. Então, vejam bem: o som foi gravado alguns anos antes, e a imagem alguns anos depois. E os dois puderam funcionar juntos. O que isso indica? Indica o nível de estruturação do espetáculo, especialmente no caso dos grandes monólogos de Ryszard Cieslak, indica a que ponto o que era percebido pelos espectadores como uma improvisação era na verdade estruturado, totalmente estruturado. E ao mesmo tempo, estava totalmente conectado com as fontes da vida.

Agora vou tocar num ponto que foi uma particularidade de Ryszard. Era necessário não pressioná-lo nem assustá-lo. Como um animal selvagem, quando ele perdeu o medo, seu fechamento por assim dizer, sua consideração pela própria imagem, ele pôde progredir por meses e meses com uma abertura e uma completa liberdade, uma liberação de tudo aquilo que na vida, e mais ainda no trabalho do ator, nos bloqueia. Essa abertura era como uma confiança extraordinária. E quando pôde trabalhar assim durante meses e meses unicamente com o encenador, depois pôde fazê--lo na presença dos seus colegas, os outros atores, e depois até na presença dos espectadores; já tinha entrado em uma estrutura que lhe assegurava, através do rigor, uma segurança.

Por que tenho a convicção de que era um ator tão grande quanto, em outro domínio artístico, Van Gogh, por exemplo? Porque soube encontrar a conexão entre o dom e o rigor. Quando tinha uma partitura definida, ele a podia mantê-la nos seus mínimos detalhes. Isso é o rigor. Mas havia algo de misterioso por trás desse rigor que sempre se apresentava em conexão com a confiança. Era o dom, dom de si, nesse sentido, o dom. Não foi, prestem atenção, dom ao público, o que nós dois considerávamos prostituição. Não. Era dom a algo que é bem mais alto, que nos ultrapassa, que está acima de nós, e também, pode-se dizer, era dom ao seu trabalho, ou era dom ao nosso trabalho, dom a nós dois.

É raro, mas existem atores que têm algo de dom, uma possibilidade de dom em si, ou de dom de si, mas como não chegam a alcançar um verdadeiro rigor, uma verdadeira estrutura, esse dom cai sempre para um nível elementar; é como uma galinha que tenta voar, não há uma verdadeira decolagem. Há outros que são capazes de criar ou aprender uma estrutura, mas não há neles o mistério da vida, aquilo se torna apenas técnico, aquilo se torna apenas produto. Falta alguma coisa. É extremamente raro estar em presença de um ator que consegue unir o dom e o rigor. Vocês verão alguns fragmentos, os dois grandes monólogos, que tiramos do filme montado pela Universidade de Roma. Atentem ao fato de que a imagem e o som estão distanciados um do outro por vários anos, porque assim poderão ver o que é o rigor. [...]

Agora quero tocar em alguns problemas que estão ligados ao essencial desse trabalho. O texto fala de torturas, de dores, de uma agonia. O texto fala de um mártir que recusa submeter-se a leis que não aceita. Assim o texto, e junto com o texto a encenação, é consagrado a algo de tenebroso, de pretensamente triste. Mas no trabalho do diretor com Ryszard Cieslak jamais tocamos em algo que fosse triste. Todo o papel foi fundado sobre o tempo muito preciso de sua memória pessoal (podemos chamar de ações físicas, no sentido de Stanislavski) relacionada ao período em que era adolescente e teve sua primeira grande, enorme experiência amorosa. Tudo estava relacionado a essa experiência. Isso se referia a esse tipo de amor que, como só pode acontecer na adolescência, contém toda sensualidade, tudo aquilo que é carnal, mas, ao mesmo tempo, atrás disso, alguma coisa de totalmente diferente que não é carnal, ou que é carnal de uma outra maneira, e que é mais como uma prece. É como se, entre esses dois aspectos, tivesse se criado uma ponte que é uma prece carnal.

Todo o trabalho estava relacionado a essa experiência da qual jamais falamos publicamente, e mesmo o que acabo de dizer é somente uma parte da informação. Sinto-me no direito de dizê-lo porque são informações que o próprio Ryszard disse para alguns de seus alunos. Isso ele já disse, então eu também o digo. O que é preciso notar nisso são as duas coisas: sim, é corporal, mas não verdadeiramente. Há alguma coisa que se revela, como a vida que flui no corpo, através do corpo, é a pista de decolagem, mas o verdadeiro voo não está ligado ao físico.

Como nunca falamos, nem com os outros membros do grupo, da substância desse trabalho, houve sobre esse tema várias interpretações errôneas. Por exemplo, algumas pessoas que escreveram sobre esse espetáculo, e especialmente sobre o Príncipe constante de Ryszard, consideraram-no como uma improvisação. Vocês viram que improvisação! Com vários anos de distância, a imagem está sincronizada com o som. De maneira alguma é uma improvisação. E mesmo durante meses e anos de trabalho preparatório, mesmo quando estávamos sozinhos nesse trabalho, sem os outros membros do grupo, não se pode dizer que isso tenha sido uma improvisação. Era um retorno aos mais sutis impulsos de experiência vivida, não simplesmente para recriá-la, mas para alçar-se em direção a essa prece impossível. Mas sim, todos os pequenos impulsos e tudo aquilo que Stanislavski chamaria de ações físicas (mesmo que, na sua interpretação, isso estivesse bem mais num outro contexto, o do jogo social, e aqui não se tratava absolutamente disso), mesmo se tudo isso fosse como que reencontrado, o verdadeiro segredo foi sair do medo, da recusa de si mesmo, de sair disso, de entrar num grande espaço livre onde se pode não ter medo algum e nada ocultar.

Uma outra interpretação, também equivocada, foi de que era como um balé, que eu mesmo era um coreógrafo que tinha inventado uma estrutura de comportamentos físicos, de movimentos, e que essa estrutura tinha sido perfeitamente assimilada pelo ator. Isso é completamente falso. Nunca houve nesse trabalho coisa alguma que se pudesse comparar com uma coreografia. A partitura era precisa, mas porque a partitura estava ligada a uma vivência precisa, a uma experiência real. O primeiro passo na direção desse trabalho foi Ryszard dominar totalmente o texto. Ele aprendeu o texto de cor, absorveu-o de tal forma que podia começar do meio de uma frase de qualquer fragmento, sempre respeitando a sintaxe. E nesse momento, a primeira coisa que fizemos foi criar as condições em que ele pôde, o mais literalmente possível, colocar esse fluxo de palavras sobre o rio da lembrança, da lembrança dos impulsos de seu corpo, da lembrança das pequenas ações, e com os dois alçar voo, alçar voo, como em sua primeira experiência, quero dizer primeira no sentido de experiência de base. Essa experiência de base era luminosa de uma forma indescritível. E dessa coisa luminosa, trabalhando na montagem com o texto, com os figurinos que faziam referência a Cristo ou com as composições iconográficas em torno que também faziam alusão a Cristo, apareceu a história de um martírio, mas nunca trabalhamos com ele a partir de um martírio, pelo contrário. Quando a linha das ações de Ryszard estava completamente garantida, depois de muitos, muitos meses de trabalho separado, começamos a fazer os encontros entre ele e os outros membros do Teatro Laboratório, somente a partir desse momento. E então, nesse começo, ele não realizava verdadeiramente sua partitura. Quando encontrou-se entre os seus colegas, ele apenas marcava o que era necessário do ponto de vista técnico, ele levemente, sem nenhum colorido, falou o texto, e apenas realizava as atitudes de base do corpo, mas ele não entrou no processo. Essa era, como tínhamos estabelecido entre nós, a estrada. Durante esse período, eu trabalhava com os outros atores, na presença de Ryszard, ou na sua ausência, fazendo também toda essa composição de cantos, de interpretações, de imagens iconográficas, de alusões visuais, que resultaram, por meio dos estímulos com que era bombardeado o mental do espectador, pelas associações, a história do *Príncipe constante* de Calderón-Slowacki. Mais tarde, na segunda parte desse trabalho, Ryszard começou a entrar no processo, quando seus colegas já tinham encontrado em ação suas próprias estruturas. Então, na verdade, esse foi um trabalho com dois grupos, dos quais um dos grupos era uma pessoa, Ryszard, e o outro grupo os outros atores do Teatro Laboratório. E eles chegaram gradualmente a um encontro nesse trabalho. Vejam, também aí era necessário que ele tivesse tempo, era necessário dar-lhe tempo, jamais pressioná-lo, pedir-lhe tudo, exceto tempo. Pode-se também dizer que eu lhe pedi tudo, uma coragem de certa forma inumana, mas jamais pedi que produzisse um efeito. Tinha necessidade de mais cinco meses? Muito bem. Mais dez meses? Muito bem. Mais quinze meses? Muito bem. Nós apenas trabalhamos lentamente. E, depois dessa simbiose, ele tinha como que uma segurança total no trabalho, não tinha nenhum medo, e vimos que tudo era possível porque não havia medo.

Mas ele também não tinha nenhuma necessidade de mentir, nunca quis mostrar nada que não estivesse realmente lá. Vocês podem observar no final de alguns monólogos, há essa reação como que de estremecimento das pernas que tem sua fonte em torno do plexo, do plexo solar. Isso jamais foi trabalhado como alguma coisa que deveria se fazer. Foi uma reação psicofísica ligada ao trabalho, não somente do corpo, mas do cérebro. O ato do ator era real. Sim, essa foi a análise de um psiquiatra que viu esse trabalho e disse: "Vocês conseguiram obter algo que eu nunca pensei ser possível, que o ato do ator seja real". Pode-se dizer que certos sintomas, mesmo que jamais procurados, se repetiam sempre, porque os centros energéticos eram engajados, a cada vez. Por que eles eram engajados a cada vez? Porque era inimaginável para Cieslak, e para mim também, que se pudesse "produzir" qualquer coisa desse gênero. Seu dom tinha que ser real, a cada vez. Centenas de vezes, se contarmos somente os ensaios, sem falar de centenas e centenas de espetáculos, seu ato era real, a cada vez.

É por isso também que eu digo que isso não era *acting*, no sentido inglês da palavra, ao qual estamos habituados. É alguma outra coisa, e ao mesmo tempo, é o sentido mais alto, talvez o núcleo, a substância da arte. Isso, é preciso repetir sempre, é possível somente pela conexão do rigor e do dom. Os dois, a cada vez, realmente.

Não acho que seja necessário, durante este nosso encontro de hoje, mostrar os exercícios, porque pensei muito nisso e disse para mim mesmo: "Mas eles vão pensar que os exercícios, em que Ryszard era tão bom instrutor, foram a base da criação", mas não foram a base. Devo dizer-lhes que não acredito absolutamente que os exercícios levem a um ato criativo. Os exercícios, é como escovar os dentes, é uma coisa que é necessária para limpar o aparelho, a máquina, mas isso não faz alçar voo, não é isso que está relacionado à verdade, é apenas uma ação higiênica. Mas, por outro lado, gostaria de mostrar-lhes o último monólogo de Ryszard que está em uma outra gravação. Autorizamos a televisão de Oslo, excepcionalmente e em condições que garantiram a Ryszard total segurança de seu trabalho, a gravar durante um espetáculo um curto fragmento de seu monólogo, digamos, final. Depois, não permitimos a utilização dessa gravação porque ela foi cortada no final, falta mais de um minuto. Então, isso desapareceu nos arquivos. Ela tinha sido feita de uma forma bem mais profissional que o filme-pirata. Passaram-se alguns anos e nós a redescobrimos recentemente. É o último monólogo de Ryszard. [...]

São os torturadores que aplaudem durante seu último monólogo. Os espectadores quase nunca aplaudiam, mesmo ao final do espetáculo. Vocês podem perguntar: como a referência a uma realidade da sua vida, a mais "propícia ao voo", a mais luminosa, pôde se acomodar, por exemplo, com esse momento em que ele se esbofeteia a si mesmo? Esse tipo de detalhe foi acrescentado no último período dos ensaios. Tudo o que estava diretamente relacionado com a situação do mártir foi acrescentado nos últimos períodos de ensaios em grupo. Todo o segredo do seu trabalho estava nos monólogos. E é a montagem das ações acrescentadas, e das ações de todos os outros personagens, e dos figurinos, e do texto que suscitou a associação de ideias com o martírio. Então, nos últimos períodos de ensaios, adicionar um detalhe como esse era muito simples. Cieslak já estava em uma corrente de forças a tal ponto livres que pôde imediatamente integrar um elemento estranho à sua partitura de base, se isso não tocasse a verdadeira estrutura ligada à sua vida, ao seu grande voo, ou seja, aos monólogos, os supostos "monólogos".

Isso era tudo que eu tinha a dizer.

(Intervenção transcrita por
Jean-Bernard Torrent)

Sigla do Teatro Laboratório.

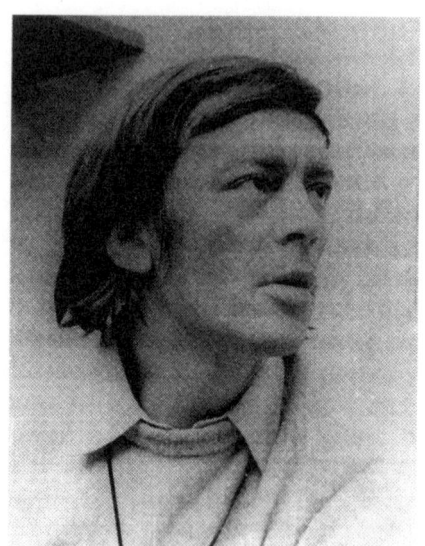

Ryszard Cieslak, 1970.

# Traços para uma Biografia: 1937-1990

*Zbigniew Osinski[1]*

*"Tenho em mim uma curiosidade doentia pelas coisas novas. De fato, desde a infância, busco quem eu sou, o que eu quero realmente fazer."*

Ryszard Cieslak,
*Corro para Tocar o Horizonte* –
entrevista com Marzena Torzecka.

Ele nasceu em 9 de março de 1937, em Kalisz. Sua mãe morreu quando ele tinha sete anos; isso ficará para sempre como uma das mais profundas experiências de sua vida.

No colégio, participou de um grupo de teatro amador. Ainda hoje existe o cartaz datado de 1º de julho de 1956: "O grupo teatral do clube da usina de pelúcia e de veludo de Kalisz apresenta, no teatro do Estado Wojciech Boguslawski, *Balladyna*, de Juliusz Slowacki, numa encenação de Szczepan Lyzwy. O papel de Kirkor é interpretado por Ryszard Cieslak".

Ele completa um ano de estudos de engenharia na Escola Politécnica de Cracóvia; depois teve a intenção de estudar psiquiatria, mas finalmente um amigo ator o convenceu a prestar um concurso para tornar-se ator.

Em 1957, presta então o exame para o Departamento de atores da Escola Superior de Teatro Ludwig Solski, em Cracóvia, mas a comissão decide que ele não está apto para ser ator dramático

---

[1] Zbigniew Osinski é autor de um importante livro em que relata a história de Jerzy Grotowski e do Teatro Laboratório. Foi diretor artístico do Instituto Grotowski de Wroclaw.

e não o aprova. Por fim, nos anos 1957-1961, estuda no Departamento "Marionetes" dessa escola, para onde normalmente iam aqueles que queriam fazer teatro, mas que eram considerados inaptos como atores.[2]

Os espetáculos de que participou para a obtenção do diploma foram *Fantazja 61* (uma pantomima) e, nesse mesmo ano de 1961, *Mestre Pedro Pathelin*, em uma adaptação de Adam Polewski, encenação de Wladislas Jarema e cenografia de Zofia Jarema.

Nesta última representação, Ryszard fazia o papel do juiz. A atmosfera de Cracóvia, nessa época uma cidade repleta de artistas, fervilhando de ideias e novidades, será para ele uma experiência essencial.

Depois de seus estudos de ator, entra diretamente no Teatro das Treze Fileiras de Opole, pouco depois transformado em Teatro Laboratório, onde permanece até o final, que se dá com a dissolução da trupe em 1984. Ao todo, foram 23 anos. Em sua última entrevista, apresentou assim o que se tornara a trajetória de sua vida:

> Quando estava com Grotowski, tinha a intenção de estudar encenação na Escola de Cinema de Lodz. Quando assinei o contrato com Grotowski, tomei a precaução de declarar que ficaria apenas um ano. Mas, depois de um ano, compreendi que, na verdade, não tinha tido tempo para aprender grande coisa. Um novo ano então transcorreu e depois um outro. Parece-me que, sobretudo na profissão de ator, nada é jamais concluído [...] Uma vez, quando ainda era estudante, li em uma antologia de literatura americana um poema de

---

[2] Vale observar que nesse mesmo departamento estudou também, no ano anterior, Maria Komorowski, outra célebre atriz do Teatro Laboratório.

Crane, que reflete muito bem as buscas da minha vida. É um poema sobre um homem que corre para tocar o horizonte, convencido de que o tomará nas mãos. Pois é, nesta profissão, é assim. Mas nunca se chega a tocar o horizonte e provavelmente é isso que é fascinante.

Estreou em *Kordian*, de Slowacki (1962), depois vieram os espetáculos: *Akropolis*, de Wyspianski (1962); *As Trágicas Aventuras do Doutor Fausto*, de Marlowe (1963); *Estudo sobre Hamlet*, a partir da versão de Wyspianski do texto de Shakespeare (1964). Ele coordena também os exercícios corporais com a trupe e, como está apaixonado pela fotografia nessa época, praticamente todas as fotos dos exercícios dos atores em Opole e as únicas fotos do *Estudo sobre Hamlet* são dele. "Grotowski me fez nascer como ator", reconhece, na entrevista citada.

> Quando fui trabalhar com ele, depois da escola de teatro, não era nada maduro. Quando criança [...] eu era incrivelmente fechado. O trabalho com Grotowski foi além da aprendizagem do teatro e do ofício de ator. Foi ele que, lentamente, me abriu, como se abre uma ostra. Era como uma estada em uma ilha. Eu estava sereno e, ao mesmo tempo, de alguma forma, ao abrigo, isolado de tudo o que existia em volta.

Aos 28 anos, atua no papel principal de *O Príncipe Constante*, a partir da versão de Slowacki do texto de Calderón (1965) e, três anos mais tarde, faz o Obscuro em *Apocalypsis cum Figuris*. Esses dois papéis entraram definitivamente para a história do teatro mundial. Com trinta e poucos anos, torna-se uma lenda viva, o símbolo da encarnação perfeita do "ator santo" ou "ator pobre", tal como o concebia Grotowski.

Durante mais de vinte anos, de início apenas intuitivamente, depois com uma espécie de certeza absoluta, ele sabe "com todo seu ser" que o auge de sua vida de ator, seu ponto culminante, tinha ficado para trás. Por isso, depois de *Apocalypsis* não quer mais atuar, não quer mais ser ator, considera esse capítulo de sua vida como realizado e encerrado.

É um homem organicamente incapaz de mentir para si mesmo. Recusa-se a atuar no papel principal de Gustaw-Konrad na representação de *Os Antepassados* que Konrad Swinarski monta no Teatro Stary de Cracóvia. Muitos se espantaram com isso. Alguns diziam que ele temia o confronto com um teatro "normal", apesar de poder contar com a garantia de um excelente diretor que sabia trabalhar com os atores e que, além do mais, era um dos amigos mais próximos de Grotowski. Situação que lhes parecia ser ideal. E Ryszard recusa...

Ryszard Cieslak com sua filha Agnieszka, 1970.

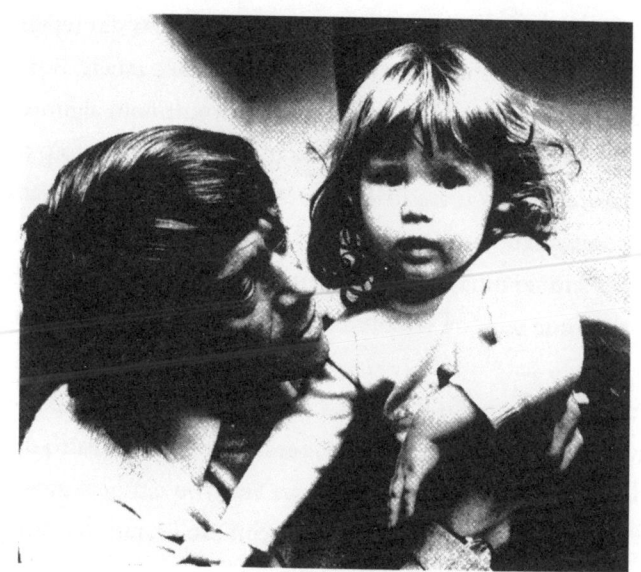
Ryszard Cieslak com sua filha Agnieszka, 1970.

Poucos foram os que, naquele momento, entenderam sua decisão. O teatro que Grotowski lhe revelou e no qual o iniciou o tinha preenchido de maneira essencial. Estava realizado como ator e como homem. A proposta de Swiniarski o lisonjeia, é claro, mas ele sente também que na trupe do Teatro Stary, ao lado da curiosidade, a rivalidade (no bom sentido da palavra) é necessária, e a rivalidade não o interessa absolutamente. Não tem necessidade alguma de confronto e sua própria aspiração de atingir a perfeição, a mais absoluta, é possível na trupe do Teatro Laboratório, onde, e isso é importante, seus companheiros de espetáculo estão no mesmo nível que ele. Disseram-me seus colegas-atores que ele tinha o costume de agradecer-lhes depois do espetáculo: "Obrigado, você esteve magnífico, hoje".

A partir de 1970, compromete-se profundamente com o trabalho parateatral. Vai novamente atrás de Grotowski, e com Grotowski, que, no início dos anos 1970, afirma que o tempo das representações teatrais como "necessidade vital" terminou para ele. Ryszard é incapaz de meias-medidas, e quando se envolve com alguma coisa vai até o fim, totalmente entregue. Acredita que é chegado o tempo do Juízo Final para o teatro. Por que deveria participar ativamente de sua agonia, mesmo (e talvez ainda mais?) com um diretor notável e no seio de uma trupe excelente? Provavelmente, e sobretudo por isso, é que recusou fazer *Os Antepassados*.

Para ele, o coração das coisas bate agora em Brzezinka, onde Grotowski dirige as experimentações no campo do "teatro de participação", parateatro, e não no Teatro Stary ou em qualquer outro teatro do mundo. Toma parte na "Celebração" e, nos anos seguintes, dirige os estágios parateatrais denominados *Special Project*.

Busca um campo de trabalho independente. Não se resigna. Procura, enganando-se às vezes (aliás, quem saberia dizer o que numa tal via é "erro"?). Revolta-se. Em 1977, volta ao ofício de ator: faz um dos dois principais papéis no filme de Witold Liszczynski, *Recollection*. Não fica satisfeito, entretanto, com esse trabalho, acha-o fracassado e feito pela metade, embora tenha se mostrado interessante no início. Em seguida, vai afastar-se por alguns anos da profissão de ator... Nos anos 1980, realiza-se sobretudo como diretor e pedagogo, duas atividades que para ele, aliás, estiveram intimamente ligadas. A encenação e a pedagogia tornam-se o terreno de seu trabalho independente. Poucas pessoas recordam-se hoje das primeiras experiências de encenação de Cieslak: um programa poético-jornalístico, *As Máscaras*, realizado em Opole em 1963! Mas, sua verdadeira estreia foi o espetáculo *Thanatos Polski* no Teatro Laboratório (1981), seguido de seis encenações sucessivas: em 1983,

*Aleph*, no Centro per la Sperimentazione e la Ricerca Teatrale di Pontedera, Itália, e *Vargtid*, na Aarhus Teater Akademi, na Dinamarca, com o grupo Kimbri; em 1984, *Noche Oscura*, em Albacete, no sul da Espanha, com a trupe local Tema; em 1986, *Peer Gynt*, a partir de Ibsen, com a trupe Kimbri, em Aartus; em 1987, *Meu Pobre Fedia*, a partir de Dostoiévski, com a trupe do Labyrinthe, em Paris; e enfim, em 1989, *Ash Wednesday*, a partir de *Albergue Noturno*, de Gorki, na Universidade de Nova York.

Tenta inculcar em seus atores o princípio que recebeu de Grotowski: "Representamos tanto em nossa vida que o teatro só pode ser hoje uma ausência de representação".

O papel do rei cego, Dhritarashtra, no *Mahabharata* de Peter Brook é sua última experiência como ator (conheceu Brook em 1965, em Londres, quando participava de um estágio com Grotowski). Ryszard luta então por si mesmo, por sua arte e sua verdade.

Eu ouvi diversas coisas sobre o papel de Dhritarashtra, boas e más, e até que "Cieslak estava horrível". Isso me fez muito mal, ainda mais porque não tinha a possibilidade de ver o espetáculo. Estava, então, sem nenhum argumento. Respondia apenas que mesmo que aquilo fosse verdade, o Príncipe constante e o Obscuro eram suficientes para justificar uma existência humana.

Foi somente no outono de 1989, em Modena, durante um simpósio sobre a atividade atual de Grotowski, que vi o filme de Brook em suas duas versões: cinematográfica e televisiva.

O velho rosto de Ryszard, alterado, esculpido pelo sofrimento. Cada nervo à flor da pele, o menor dos estremecimentos, a pulsação interior, a vibração, tudo isso Ryszard Cieslak apresentava nesse filme. Um grande ator. É o que se confirmava uma vez mais. Era o homem de uma ideia. Não de uma ideologia, mas de uma ideia. No período maduro de sua vida, uma ideia, uma paixão, dirigiu-o, aquela que se chama "Teatro Laboratório de Grotowski". É ela que determina o que se tornou a essência de sua vida. Por isso seu nome permanecerá na história do teatro antes de tudo como o exemplo da perfeita encarnação do ideal da arte de ator na concepção de Jerzy Grotowski.

Seu signo zodiacal é Peixes, que se distingue por uma capacidade de intuição excepcionalmente desenvolvida. É provável que isso lhe tenha permitido tornar-se um incomparável ator médium nos espetáculos do Teatro Laboratório, baseado, é claro, num enorme trabalho e numa rara abnegação ao longo de mais de vinte anos. Mas os nativos de Peixes, para poder avançar na vida, para poder desenvolver-se, são condenados a seguir um Mestre, um Guia ou uma Ideia com que se identifiquem e a que entreguem sua vida em oferenda. Isso talvez soe patético, mas tem que ser admitido no sentido estrito da palavra. Dizem que São Paulo era do signo de Peixes, bem como o foram grandes médiuns, e também muitos excelentes atores. O próprio Ryszard falava com frequência de seu signo. Ele o via como uma tensão entre duas correntes contrárias de vida, como dois peixes desejando direções opostas.

Era incontestavelmente um homem difícil, de uma grande complicação interior e muito fechado. Sua aparência extrovertida era resultado de treinamento e de hábito, pois, na verdade, era um introvertido. Vivia uma permanente insatisfação, e a tragédia e o sofrimento eram experimentados por ele não como abstrações, mas de modo real, textualmente. Era possível perceber tudo isso ao encontrá-lo. As quantidades infinitas de cigarro e de álcool que consumia diziam alguma coisa: eram um sinal. Seu grito. Sua revolta. Seu desacordo. Uma espécie de protesto. Era um homem quente ou frio, jamais morno.

É impressionante ver a que ponto seu destino de homem-ator realizou-se junto com o destino do personagem que encarnava. Em Dom Fernando de *O Príncipe Constante* diz em seu monólogo final estas palavras:

> E quando munidos do resgate eles virão,
> Eles encontrarão o mestre inerte
> Sob uma simples capa de cruzada.
> Através dos oceanos, reconduzirão
> Ao país um punhado de cinzas...

Nestas últimas palavras, reencontramos a chave dessa representação:

> Com as cinzas, a frota zarpará
> E navegará para a pátria.

Essa "pátria" tem um duplo sentido, duas dimensões. Primeiro, uma dimensão material, "física", aquela que as pessoas geralmente associam a essa palavra; mas em *O Príncipe Constante*, antes de tudo, é a pátria da alma: independente, insubmissa, inabalável – essa pátria a que ele serviu fielmente até o fim de seus dias.

"Está consumado... Está consumado..." – essas foram suas últimas palavras. Faleceu em 15 de junho de 1990 em Houston (Estados Unidos). Desde 10 de julho, as cinzas de Ryszard Cieslak repousam no cemitério Osobowicki em Wroclaw.

(A versão francesa foi traduzida do polonês por Marie-Thérèse Vido-Rzewuska)

# Em Memória de Cieslak

*Ferdinando Taviani*[1]

A MORTE

Quando Cieslak morreu, a maioria dos jornais não fez alarde e a notícia apareceu em pequenas notas. Na verdade, depois da montagem de *O Príncipe Constante* (e de *Apocalypsis cum Figuris*), Cieslak não havia mais sido manchete.

Para dizer de maneira sintética quem foi Cieslak, seria preciso desinflar a palavra "milagre" e pronunciá-la sem ênfase nem temor. Cieslak é, com efeito, o ator milagroso do século XX.

Essa maneira de falar presta-se ao equívoco. Entretanto, tem ao menos o mérito de nos fazer refletir sobre certos aspectos ocultos do nosso século teatral.

Anônima e conveniente, eis a notícia, nos obituários do *New York Times* do sábado, 16 de junho de 1990:

> Ryszard Cieslak, ator, uma das figuras centrais do Teatro Laboratório Polonês, morreu na última quinta-feira no Burzynski Research Institute de Houston. Tinha 53 anos. Vivia em Manhattan. O doutor Stan Burzynski

---

[1] Ferdinando Taviani é historiador e teórico de teatro. Amigo de Jerzy Grotowski e de Eugênio Barba, ocupa um lugar importante para a reflexão sobre o teatro de pesquisa na Itália.

disse que o Sr. Cieslak, hospitalizado no dia 5 de junho, morreu de um câncer nos pulmões. Desde 1962, o Sr. Cieslak fez parte do Laboratório criado, como instrumento para o teatro experimental, em 1959, por Jerzy Grotowski. Depois da dissolução do Laboratório, em 1977, o Sr. Cieslak e o Sr. Grotowski trabalharam juntos em vários projetos teatrais. Em 1969, os críticos de teatro atribuíram ao Sr. Cieslak o título de melhor artista *Off Broadway* do ano e de melhor promessa. Durante os quatro últimos anos, o Sr. Cieslak ensinou atuação para os alunos do curso de aperfeiçoamento da Tisch School of the Arts da Universidade de Nova York. Ele deixa uma filha que mora na Polônia.

No que acabamos de ler, há uma imprecisão, um erro e uma estranha omissão. A diferença de alguns meses, entre o outono de 1961, quando Cieslak efetivamente ingressou no grupo de Grotowski, e o ano de 1962 que foi indicado no tópico do jornal não tem muita importância. O ano de 1977 está, ao contrário, totalmente errado. E isso é sintomático: é como se quisessem fazer retroceder o mais longe possível a imagem de Cieslak órfão de seu teatro, antecipando assim seu destino.

## A VULGATA

A vulgata teatral faz de Cieslak uma vítima. Dizem que, nos anos 1960 e 1970, ele foi um dos maiores atores do mundo, mas que sua flor murchou e secou com *O Príncipe Constante*. Que em *Apocalypsis cum Figuris* repetiu sua proeza com menor radicalidade. E que em seguida estava acabado como ator.

Dizem também que foi demolido por um duplo vínculo: parecia não poder ser ator senão com Grotowski, mas, para continuar com Grotowski, tinha que deixar de ser ator.

Na verdade, depois de *Apocalypsis,* Grotowski abandonou a direção. Cieslak seguiu-o para além das fronteiras do teatro-espetáculo, penetrou nesse território denominado depois de parateatro. Isso não foi um compromisso. Ele transformou sua presença de ator na de *stalker.* Dizem que começou a falar de si mesmo como de um ator do passado.

Mas quando os moinhos de vento rangeram mais forte, quando a via das ações parateatrais parecia não ser mais tão segura, talvez até muito repetitiva, e quando, mais tarde, a solidão profissional aumentou, quando Grotowski distanciou-se, e alguns companheiros morreram e o grupo dissolveu-se, dizem que Cieslak frequentemente pensava na ideia de um novo espetáculo e, toda vez, respondia às próprias questões com uma outra questão: "Ser novamente ator? Sim, mas com quem?".

É estranho que o obituário do *New York Times* tenha deixado de lembrar a presença recente de Cieslak no *Mahabharata* de Brook e Carrière.

De toda maneira, esse foi um episódio e não a solução do problema. O problema continuou sendo a solidão.

A vulgata teatral não tem os instrumentos para compreender o sentido desse impasse, característico de um teatro de fim de século, em que, para além dos grandes sistemas teatrais tradicionais (com suas vanguardas, suas fronteiras, seus fragmentos extravagantes), formaram-se verdadeiros microssistemas. Estes últimos colocam dificuldades lógicas ao pensamento crítico: eles têm as *dimensões* de um grupo, de uma companhia, mas com as *características,* a *natureza* de uma tradição, de um desses estilos ou escolas ou gêneros a que temos o hábito de pensar como sistemas à parte: o balé ou o teatro dramático, a ópera ou o kabuki.

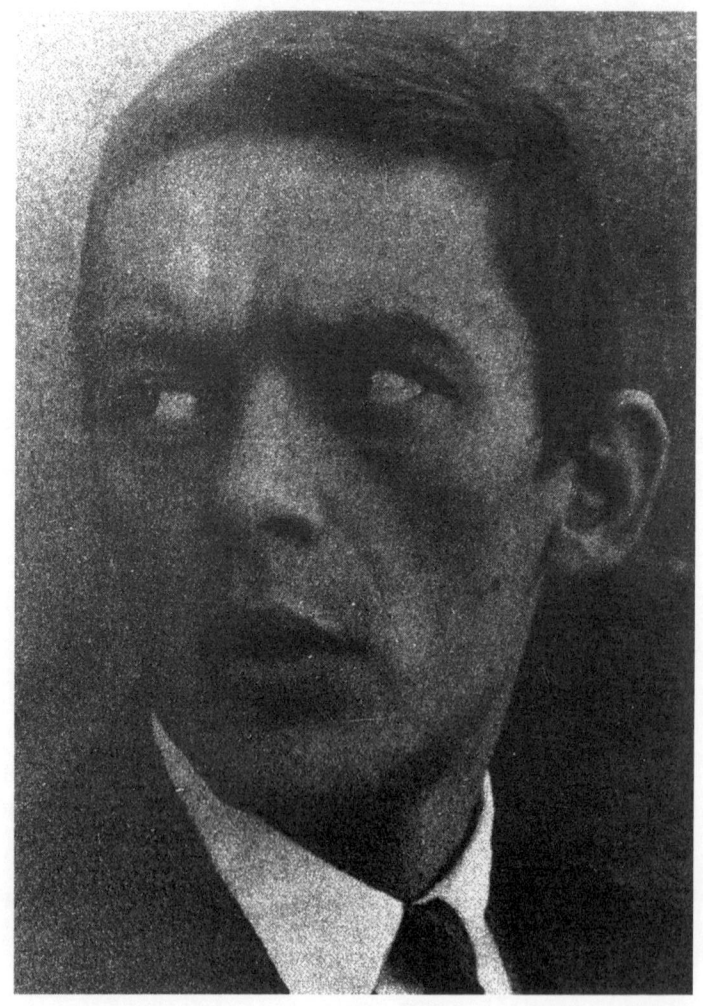

Ryszard Cieslak, sem data.

Julgando esses microssistemas apenas em razão de suas dimensões, ignorando sua natureza, a vulgata teatral sequer consegue avaliar o comportamento desses atores que, fora do seu grupo, têm dificuldades de se inserir no mercado.

Consideremos algumas generalidades: ao assumir uma consciência crítica e comercial unitária a um nível quase planetário, o teatro do século XX desenvolveu em compensação a faculdade de fragmentar-se, de coagular-se aqui e ali em tradições celulares. Essas subdivisões de gênero, de culturas, de tradições, de estilos, de escolas, que anteriormente eram vastas regiões, cada uma unificada por sua própria fronteira, têm agora fronteiras dentro de fronteiras, ilhas, domínios fortificados. Os grandes territórios estão vazados por inumeráveis enclaves. Eles não deixaram de existir. Mas agora, na maioria dos casos, são os enclaves que fazem a história.

Ainda que possa parecer estranho, o que define uma cultura ou uma tradição teatral não tem nada a ver com suas dimensões ou com sua antiguidade, mas, antes, com uma certa completude de funções, com o desenvolvimento de uma história, de uma consciência da diferença, de um patrimônio de conhecimentos e de costumes.

A primeira coisa, para uma tradição ou uma cultura, é distinguir claramente o interior do exterior. Na cultura, como em biologia, o *témenos*, o invólucro, os contornos são os primeiros passos para o organismo vivo.

Para Cieslak, o fato de entrar em um espetáculo de Brook foi tão estranho e tão difícil (e portanto tão significativo) quanto seria para Henry Irving participar em um balé ou para Nijinski atuar em um kabuki. Migrações radicais, mas não impossíveis, nem contra a natureza (o centro que Brook fundou em Paris faz um teatro, entre outros, precisamente a partir de migrações desse tipo).

Não seria inteligente dizer: a fragmentação das culturas e das tradições é um sinal de empobrecimento. Ela alimenta, ao contrário, a articulação das ideias e das práticas teatrais. Aumenta o número de diferenças geradoras de significado. Dela pode resultar um desperdício do pensamento, ou também, inversamente, um aumento da informação, reconquista da dimensão do outro num momento em que o mundo do espetáculo tende a se tornar uma aldeia. Em certos casos mais raros, pode resultar na emergência de valores até então inconcebíveis para o teatro.

O teatro dos enclaves tende incessantemente a se transcender. As fronteiras estabelecidas levam àquilo que está além delas.

Ryszard Cieslak foi por antonomásia o ator de tudo isso: seu apetite fundamental não foi chegar ao cume, mas transcendê-lo.

Foi *O Príncipe Constante* que fez de Cieslak, Cieslak. Será que isso quer dizer, então, que ele foi o grande ator de um só espetáculo?

As crônicas sobre os atores estão cheias de nomes de artistas que não continuaram, que chegaram a resultados surpreendentes e que não souberam repeti-los nem conservá-los. Atores e atrizes que rapidamente incendiaram-se, fogos de palha, incandescência.

Mas, como medir a continuidade artística de um ator como Cieslak?

Quando ele fez o *Príncipe*, chegou ao ápice, foi o primeiro homem a pôr os pés no topo do Everest dos teatros. Sua continuidade de ator não devemos procurá-la na repetição de empreendimentos equivalentes, assim como um grande alpinista não demonstra sua resistência subindo e descendo oito mil metros. Esse é o tipo de continuidade próprio dos teleféricos e dos elevadores.

O fato de passar de um espetáculo a outro, de um personagem a outro, tocando uma vez ou outra o ápice e reverberando essa luz em personagens diversos foi a maneira como se manifestou a continuidade de algumas grandes atrizes e de alguns grandes atores. Para Cieslak, a continuidade da arte e do ofício residia em uma competência ou em um material de ator que, em parte, permitiu-lhe a realização do *Príncipe* e, em parte, derivou desta. E que poderia bastar-se a si mesma, sob a forma de "treinamento pessoal", ou que poderia transformar-se em ações não fixadas, parateatrais, ou que poderia ainda, se ele o quisesse, preencher um estoque de novos personagens.

No início, utilizamos a expressão "ator milagroso".

Como é inadequado esse adjetivo! Como se fosse alguma força invisível que tivesse levado Cieslak até essas alturas, e não uma preparação meticulosa!

Olhando mais de perto, a noção de ator "milagroso" (de qualquer maneira que seja expressa) está relacionada à do ator de um só espetáculo. Uma e outra provêm não do pensamento crítico, mas da vulgata teatral.

De que maneira manifesta-se, profissionalmente, um ator? Unicamente por meio de espetáculos?

Mesmo na globalidade da cultura teatral, *O Príncipe Constante* foi uma reviravolta decisiva. Aquilo que os espectadores viram, aquilo que relataram, aquilo que discutiram ou aquilo sobre que polemizaram, as fotografias mesmas de Cieslak nesse espetáculo contribuíram para transformar a ideia habitual sobre as potencialidades da arte do ator.[2] A ideia de ápice para o ator foi transformada. Por conseguinte, foi transformada também a maneira pela qual se forma o conceito de ator em nossa cultura.

---

[2] O melhor exemplo talvez seja o número 46, inverno de 1970, de *The Drama Review*: contém um *portfólio* de fotos de Cieslak em *O Príncipe Constante* (fotos de Max Waldmann) e uma seção "On Grotowski: a series of critiques", com ensaios de Stefan Brecht, Peter L. Feldman, Donald M. Kaplan, Jan Kott, Charles Ludlam, Donald Richie (p. 164-211).

O episódio das fotos, em sua humildade de crônica, é sintomático. Pela primeira vez, elas não figuram como pretexto, parasitas ou publicidade do espetáculo. Elas, de alguma forma, fizeram parte da sua aura. O espetáculo, com diversas modificações, foi muito apresentado, entre 1965 e 1969. Este certamente não era um acontecimento único. Era, entretanto, a *representação* de uma experiência única. As fotos de Cieslak nesse espetáculo tomaram, sem que o tivessem pretendido, um valor diferente das fotos comuns de cena, semelhante ao de certos instantâneos históricos. Elas entraram no sistema da memória do espetáculo: alguma coisa no limite do teatro, "alguma coisa que aconteceu" e de que a fotografia é, mais que documentação, testemunho.

Porque houve *O Príncipe Constante,* as palavras de Grotowski sobre o ator tornaram-se então críveis.

Hoje, depois de quase trinta anos, embora distante de toda preocupação teatral, Grotowski encontra-se em uma posição similar, perante a exigência de uma pedra de toque similar. Precisa ter ao menos testemunhas, se não espectadores, pois é unicamente pela ação tangível de alguns de seus colaboradores que seu discurso sobre o "ritual" e o *performer* pode se tornar, também para os outros, uma "coisa", um reservatório de precisão técnica.

Numerosos espectadores de *O Príncipe Constante* tiveram a sensação precisa de ver um ator capaz de fazer algo que jamais ator algum havia feito antes. Mas quem era esse que o "fazia"?

O NOME

Em razão das habituais convenções sobre os nomes, devíamos dizer: "Cieslak". Ao contrário, levando em conta a materialidade do processo de trabalho, devíamos dizer: "Grotowski-Cieslak".

Enfim, ocupando-nos simplesmente dos fatos brutos, despojados de projeções ilusórias, devíamos abolir os nomes.

O pensamento teatral ainda encontra dificuldade em familiarizar--se com essa simples realidade que faz que duas cabeças possam formar um só espírito. Essa ideia de "espírito" parece ilusória, metafórica, o fruto de uma abstração. Enquanto o que é ilusório é a separação das diferentes cabeças, ou pessoas, que colaboram em um processo criativo. Se o processo é "criativo", isso significa que, por acaso ou por mestria, formou-se uma estrutura de relações que não procede mais da divisão mecânica do trabalho. Um fluxo de acontecimentos, passando através de uma tal estrutura, com todo seu peso de casualidade, é submetido a um processo seletivo que não se deve ao acaso. Certos elementos "fortuitos" são assim colocados em evidência ou fixados.[3]

O verdadeiro autor é a estrutura em movimento de uma relação, o "entre" que ligou as ações dos diferentes elementos.

Tudo isso, dito assim, parece obscuro. Na prática, não tem nada de extraordinário. Pertence aos conhecimentos comuns desses atores que trabalham em um microssistema teatral e que, portanto, por causa das dimensões propícias desse mundo e de sua história, podem facilmente ver a olho nu como a ecologia do processo criativo funciona.

Zbigniew Cynkutis, ator junto a Grotowski desde a fundação do Teatro das Treze Fileiras, e depois do Teatro Laboratório, formula assim sua experiência:

> Tudo o que fizemos de bom não foi criado por ninguém em particular, nem mesmo por Grotowski, mas nasceu entre mim e Grotowski, Grotowski e eu; Cieslak e Grotowski, Grotowski e Cieslak. Era a relação forte e direta entre Grotowski e cada ator que

---

[3] "Processo estocástico" é quase sinônimo de "processo criativo".

tornava o ator capaz de exprimir alguma coisa. Uma coisa que, no início, podia mesmo não pertencer ao ator, mas que, com o tempo, acabava sendo sua.[4]

Uma atriz cuja história teatral é muito diferente, mas igualmente enraizada num domínio fortificado, Iben Nagel Rasmussen, exprime algo análogo, com palavras mais vigorosas: "O que experimentas enquanto espectador não vem do encenador, e também não vem do ator. É a criança que fala. [...] Devemos encontrar o silêncio se quisermos compreender o que a criança diz".[5]

O silêncio também se refere à pessoa propriamente dita, aquela que tem um nome definido? Há, talvez, algo de inquietante no final do texto de Cynkutis, quando ele diz: "Uma coisa que, no início, podia mesmo não pertencer ao ator, mas que, com o tempo, acabava sendo sua". E, de fato, ele continua:

> Isto explica o abismo profundo entre o homem Cynkutis, com a cabeça de uma pessoa de 42 anos, quando retiramos dele tudo o que recebeu trabalhando com Grotowski, e Cynkutis depois do trabalho com Grotowski. Porque são verdadeiramente numerosos os pensamentos, as coisas e as experiências que, no início, me eram completamente estranhas, que não me pertenciam, mas que, depois de longos exercícios e de longas investigações, encontraram seu lugar em minha circulação, em meu sistema respiratório, em meus músculos.[6]

---

[4] Citado em J. Kumiega, *The Theatre of Jerzy Grotowski*. Methuen, London e New York, 1985, p. 51.
[5] I. Nagel Rasmussen, "Le mute del passato". *Scena*, 3/4, setembro de 1979, p. 49 (novamente publicado por Laura Mariani. In: *Lapis*, n. 1, novembro de 1987, p. 55-60).
[6] Kumiega, op. cit.

Aqui encontramos a ideia perfeita do trabalho teatral que se torna trabalho sobre si mesmo, que modifica e melhora a pessoa. Mas essa ideia projeta uma sombra: um apego do "eu" àquilo que o impregnou, a ilusão que tem o canal de ser ele mesmo a (nobre) mensagem. Ilusão reforçada pelos espectadores que projetam secretamente, sobre a pessoa do ator, a imagem dele que se fixou nas suas mentes.

Provavelmente, digam o que disserem as lendas, nenhum ator jamais viu perder-se sua personalidade por causa da personalidade dos personagens. Numerosos atores, em compensação, certamente correram o risco de acreditar que aquilo que eram capazes de *fazer* em cena poderia revelar aspectos de seu *ser*, de seu "eu".

Segundo a fórmula empregada por Iben Nagel Rasmussen, nesse caso "a criança" é fagocitada, cai no poço.

A SOMBRA

No meio do ano 1982, André Gregory, o amigo americano de Grotowski, começou a conceber *Seis Personagens à Procura de um Autor*. Um deles deveria ser Cieslak.

Façamos um passo atrás. Retornemos a essa falsa data no obituário do *NewYork Times*: 1977. Não foi nessa época que o Teatro Laboratório se dissolveu. Nesse momento, ainda aconteciam as apresentações de *Apocalypsis cum Figuris* que, em suas três versões, permaneceu em cartaz por mais de dez anos, de 1968 até suas últimas apresentações que foram provavelmente as de Gênova, em janeiro de 1980. Em paralelo, a partir de um período situado em torno de 1974, aconteciam as atividades parateatrais do Teatro Laboratório, *a Vigília, a Árvore de Gente*. Cieslak conduzia a *Acting Search*.

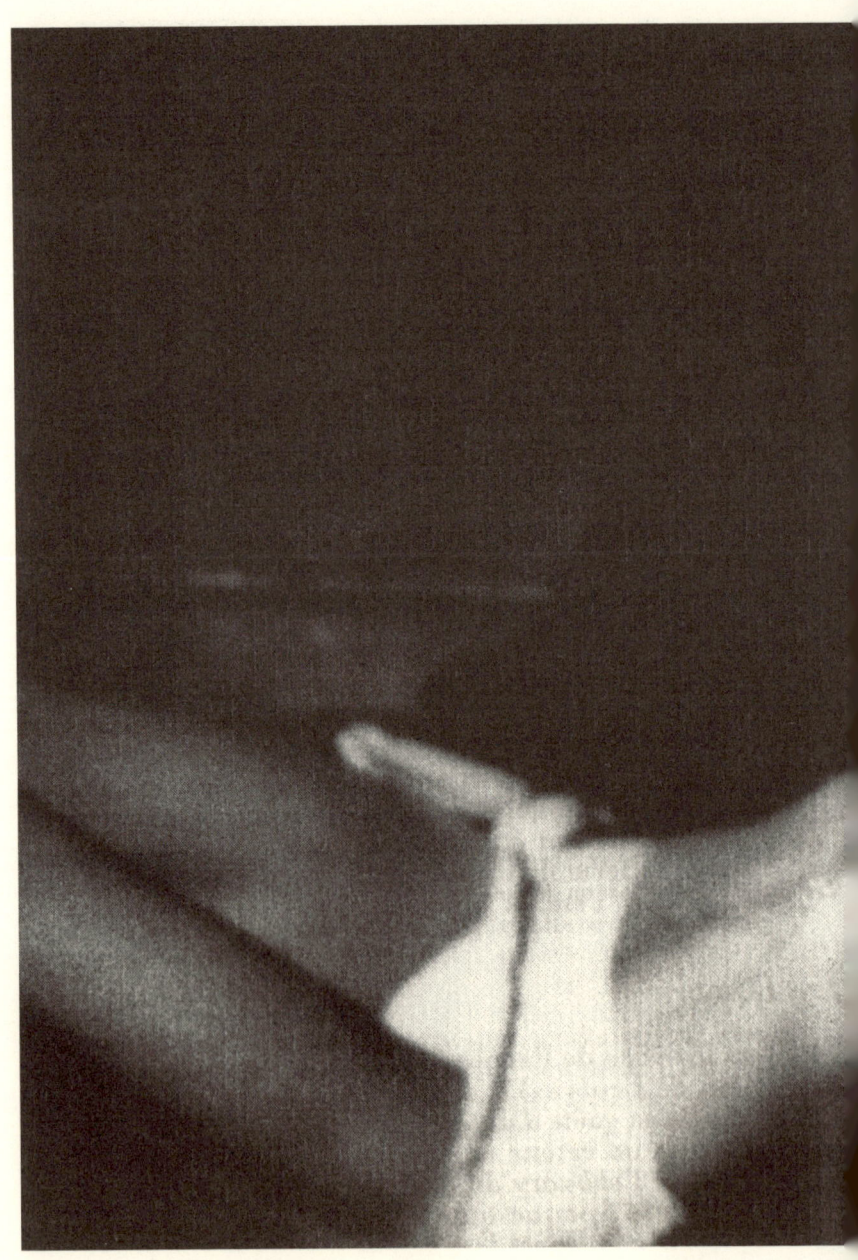

Ryszard Cieslak em *O Príncipe Constante*.

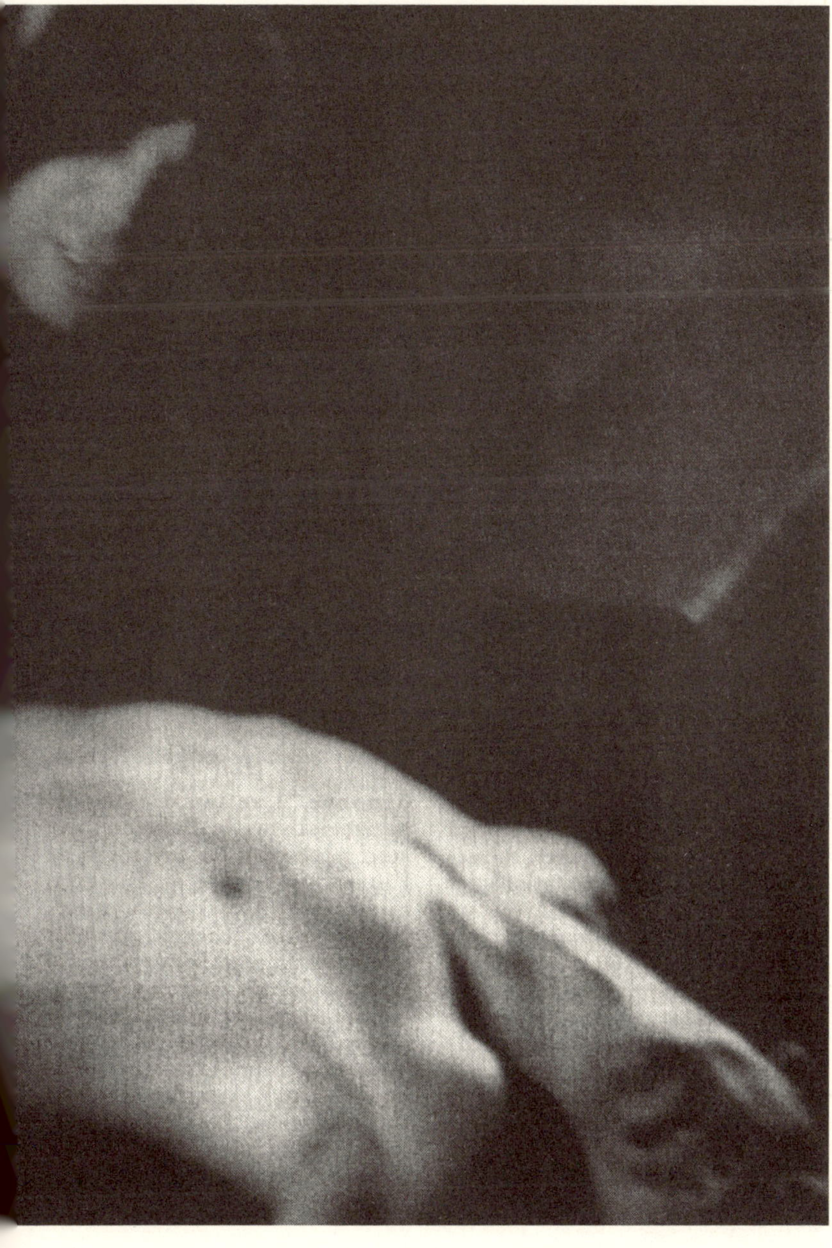

Essas informações, e as que daremos adiante, são necessárias para deixar respirar a ideia dos *Seis Personagens* e mostrar-nos como ela desemboca de maneira totalmente imprevista em Dhritarashtra. Depois de *Apocalypsis*, Grotowski, como diretor, já não existe mais. Continua, entretanto, como líder. Em 1981, Cieslak dirige uma parte dos atores de *Apocalypsis* e os novos membros do grupo ligados às atividades parateatrais. Eles realizam juntos *Thanatos Polski*, um não espetáculo, com uma partitura bem precisa de textos, de cantos, de ações, mas concebida para acolher as ações dos espectadores que aceitassem o convite para sair de seus papéis.

Não devemos perder de vista o contexto: as datas que enumeramos, e sobre as quais voltaremos daqui a pouco, coincidem com os meses e os anos cruéis da catástrofe polonesa.

**Calendário:** 17 de outubro de 1978: Karol Wojtyla é eleito papa. Em junho de 1979, retorna à Polônia. Em dezembro, missas de protesto e prisões de dissidentes. Em 20 de maio de 1980, um decreto sem precedentes destitui de uma só vez 150 diretores e altos funcionários das empresas do Estado, prefeitos, autoridades responsáveis por perdas e atrasos na produção. Em agosto, explode o protesto dos trabalhadores que paralisa os estaleiros do litoral báltico. Na Cracóvia, paralisam-se as usinas de aço de Nowa Huta. O papa envia cartas de solidariedade aos trabalhadores. O governo soviético, por intermédio da agência Tass, denuncia "a ação de elementos antissocialistas na Polônia": são talvez as primícias da invasão, como na Hungria, como na Checoslováquia. 5 de setembro: Gierek, primeiro-secretário do partido comunista, é fulminado por um infarto. Kania, considerado um liberal, o substitui. Durante esse período, o movimento sindical independente, liderado por Walesa, toma o nome de *Solidariedade*. Os países do pacto de Varsóvia iniciam o isolamento da Polônia e fecham em parte suas fronteiras. Com dificuldades (pois não reconhecia a liderança do partido comunista), o estatuto do *Solidariedade* é oficialmente registrado em novembro de 1980. Em 16 de dezembro, em Gdansk, seiscentas mil pessoas, junto com as mais altas autoridades políticas e religiosas, inauguram o monumento às vítimas da repressão contra os trabalhadores de 1970. Em 14 de janeiro de 1981, Walesa vai ao Vaticano. Em 4 de março, o general Jaruzelski, nomeado primeiro-ministro em fevereiro, vai a Moscou. Treze dias depois, começam na Polônia as manobras das tropas do Pacto de Varsóvia. Elas prolongam-se além de toda expectativa. Muitos pensam que se trata de um insidioso começo de ocupação. Fala-se abertamente de resistência armada e de guerra partidária nas montanhas. As manobras das tropas do Pacto de Varsóvia terminam em 7 de abril. No dia 10, Jaruzelski e a Dieta proíbem qualquer forma de greve pelo período de dois meses. Em 1º de maio, o arroz e a farinha são racionados. O açúcar e a carne já estavam racionados. A ala pró-soviética do PC é contra Kania. Em 18 de outubro, Jaruzelski ocupa também o posto de primeiro-secretário. Envia tropas especiais do exército em guarnição para diversas regiões do país. Retira-as em 22 de novembro, depois dos encontros em Varsóvia com o cardeal Glemp e com Walesa. Mas, em 13 de dezembro, às 5 horas da manhã, Jaruzelski proclama a lei marcial. Walesa é preso. Muitos militantes do *Solidariedade* acabam na prisão. As atividades sindicais são proibidas. As garantias constitucionais suspensas. Os trabalhadores do serviço social são militarizados. Cerca de oitocentos funcionários são despedidos. Irrompem desordens por todo o país. Em 3 de janeiro de 1982, o *zloty* é desvalorizado 100% em relação ao dólar. Em maio e junho, confrontos em Varsóvia e em Wroclaw. Centenas de prisões e de feridos. Na Polônia, respira-se um ar deletério e confuso (rebelião, heroísmo, compromisso com a ditadura, traição podem coabitar em uma mesma pessoa). A ditadura tenta comprometer em seu favor as pessoas mais representativas. O *Solidariedade* bane tacitamente toda pessoa que tenha qualquer relação ou negócio com a ditadura. Walesa é novamente libertado em novembro. Em 30 de dezembro, a lei marcial é suspensa (será revogada definitivamente em julho de 1983). Em 19 de maio de 1983, duzentas mil pessoas participam, em Varsóvia, dos funerais do jovem Grzegorz Przemyk, preso e assassinado por policiais. O papa retorna em visita à Polônia. Mas em outubro recomeça o confronto entre governo e Igreja Católica. Em 17 de novembro, as autoridades denunciam os nomes de 61 padres "extremistas". Nesse período, Walesa recebe o prêmio Nobel da paz e o governo polonês protesta verbalmente junto às autoridades norueguesas. Em outubro de 1984, o padre Jerzy Popieluszko é capturado e morto por grupos paramilitares, ligados à polícia. Seus funerais são ocasião de uma enorme manifestação de indignação popular. Entrementes, em janeiro de 1984, o preço dos principais produtos alimentícios aumentou entre 10% e 45%. Novo aumento, entre 20% e 70%, em março de 1985. Aumenta o preço da eletricidade, do gás e do carvão...

Em 1981, *Thanatos Polski* continha alusões evidentes ao perigo de uma guerra de invasão e à repressão interna. Um casaco ensanguentado era feito em pedaços. *Thanatos Polski* fez uma turnê na Polônia, depois foi à Itália, na Sicília, entre março e maio de 1981. Durante o mês de crise, quando se temia uma invasão, Grotowski percorreu toda a Polônia, meio-viajante e meio-peregrino, anônimo, solitário, ativo. Dorme ao relento e nos trens. Fala com as pessoas. Durante esse período, no plano profissional, concentra-se sobre o projeto plurianual do Teatro das Fontes, para o qual dirige um grupo internacional de jovens.

Em setembro de 1981, morre Antoni Jaholkowski, um companheiro desde os primeiros tempos. No início de 1982, Grotowski abandona definitivamente a Polônia e pede asilo no exterior. Já tinha garantido a segurança de seus colaboradores. A partir de então, o Teatro Laboratório não mais existe. Para evitar sua sobrevivência como instituição esvaziada, mas propícia ao bom nome do regime ditatorial, o grupo dissolve-se oficialmente durante o verão de 1984 (a notícia é divulgada primeiro na Itália, pelo *Il Manifesto*, depois pela imprensa polonesa e internacional, com alguns meses de atraso).

Cieslak dirige estágios em vários lugares pelo mundo. Seu destino começa a assemelhar-se ao de muitos outros atores solitários pertencentes a grupos históricos. Já que não faz o papel do *one man show*, dá a impressão de desaparecer. Faz encenações de espetáculos atípicos, ao final de intensos períodos de laboratório: *Aleph* em 1983, com o Centro per la Sperimentazione e la Ricerca Teatrale di Pontedera; *Vargtid*, no mesmo ano, com o grupo Kimbri, em Aarhus, na Dinamarca; *Noche Oscura*, em 1984, com o grupo Tema em Albacete, na Espanha; *Peer Gynt*, em 1986, novamente com o grupo Kimbri; *Meu Pobre Fedia*, a partir de Dostoiévski, com o grupo Labyrinthe de Paris, em 1987; *Ash Wednesday*, em 1989, a partir de *Albergue Noturno* de Gorki, na universidade de Nova York. Alguns de seus espetáculos (sobretudo *Peer Gynt* e *Ash Wednesday*) foram muito apreciados. As diferentes línguas dos títulos e os diferentes lugares bastam para mostrar a multiplicidade dos encontros de que se povoa a solidão de Cieslak.

Alguns jovens que trabalharam com ele dizem que ele era capaz de transmitir o "sentido" da prática teatral. Outros explicam: Ryszard era capaz de ensinar não somente a técnica, mas também a *coragem*.

Inútil ocultá-lo: durante esse período, Cieslak bebe mais ainda do que o habitual. Às vezes, precisa de tratamentos de desintoxicação. Fuma vários maços de cigarros por dia. E entretanto, dizem, "ele ensina a coragem".

Era, se olharmos com atenção, sua especialidade. Não foi um ator de talento. Foi um ator de coragem. Jan Kott, falando do que denomina "o método Grotowski", escreveu: "Cieslak era um jovem sem experiência quando se dedicou ao método de Grotowski. É agora um dos maiores atores do mundo". E acrescenta a seguir: "Há quatro anos Peter Brook me disse que, depois de Stanislavski, ninguém teve um conhecimento tão profundo da arte do ator quanto Grotowski".[7]

Mas quando esse jovem sem experiência se lança no empreendimento, entregar-se ao "método Grotowski" queria dizer entregar tudo, sem prudência nem reserva, seguindo um outro jovem em um caminho sem garantia nenhuma.

Testemunha das origens do teatro de Grotowski, Eugenio Barba protesta hoje quando ouve falar desse teatro como de um grupo de artistas superiores desde o princípio. Somente iam trabalhar em Opole, com Grotowski, atores considerados de terceira categoria. Atores que tinham poucas chances nos grandes teatros e para os quais poderia ser interessante aparecer em um bizarro teatrinho de província.

Cieslak, se não me engano, saíra de uma escola de teatro, mas tinha no bolso um diploma de marionetista, porque o tinham considerado desprovido das qualidades físicas necessárias a um bom ator. A coragem de Cieslak não consistiu apenas em lançar-se em

---

[7] J. Kott. In: *Drama Review*, n. 46, op. cit.; trad. Italiana: J. Kott, *Il Diario Teatrale di Jan Kott*. Roma, Bulzoni, 1978, p. 142.

um processo sem garantias. Teve que ter a coragem de quem consegue quebrar a imagem que tem de si mesmo. É o que Barba deixa entrever em um de seus escritos de 1975:

> Quando deixei o teatro de Grotowski, Ryszard Cieslak já era um bom ator, mas que pretendia ser um intelectual. Era como se um grande cérebro envolvesse aquele corpo cheio de vida, oprimindo-o, limitando-lhe a vida. Encontrei-o novamente dois anos depois, quando veio a Oslo e apresentou *O Príncipe Constante*. Desde o início, desde os primeiros segundos do espetáculo, foi como se todas as minhas lembranças, as categorias sobre as quais me apoiava, ruíssem sob meus pés, e vi um outro ser, vi o homem que tinha encontrado sua plenitude, seu destino, sua vulnerabilidade.

E acrescenta:

> Era como se aquele cérebro, que antes era um filtro que empanava suas ações, tivesse agora se dissolvido e impregnado todo seu corpo de células fosforescentes. A força de um furacão decidido. E entretanto era como se uma nova onda mais forte, mais alta, mais vigorosa, surgisse de seu corpo e se espalhasse ao redor.[8]

Agora, andemos de novo para frente, para 1982, quando o grupo efetivamente dissolveu-se. A Polônia assemelha-se a uma grande armadilha, Cieslak está sozinho, e André Gregory, o amigo americano de Grotowski, imagina *Seis Personagens*. Era apenas uma

---

[8] E. Barba, "Il parco e la riserva". In: *Il Libro dell'Odin*. Ed. F. Taviani. Milão, Feltrinelli, 1978, p. 253.

ideia, que jamais foi realizada. Mas ela merece ser lembrada, pois contém o sentido de uma odisseia teatral.[9]

Gregory pensava nos atores "abandonados" pelos diretores: em seus atores do Manhattan Project, nos atores de Chaikin, em alguns atores do Living, e sobretudo nos amigos do Teatro Laboratório. Seriam esses atores que representariam os personagens de Pirandello. Iriam ao teatro em busca de um autor mas só encontrariam outros atores. Gregory pensava que esse segundo grupo deveria ser composto por bons atores *Off Broadway*. Entre os personagens, deveria estar Cieslak. Talvez também Flaszen no papel do pai.

Era uma ideia simples, que traduzia fielmente Pirandello. Efetivamente, o fim de século tinha produzido os equivalentes em carne e osso desses personagens que Pirandello tinha imaginado como puras abstrações. Alguns atores, exilados dos enclaves, dos domínios fortificados, carregando uma história que poucos partilhavam, poderiam mesmo estar no interior de um teatro, na fronteira entre o laboratório e a cena, na busca de um autor capaz de dar uma significação pública a sua mestria. E apresentar cada um os materiais de sua própria vida cênica, a matéria (*mater*, a mãe) de

---

[9] André Gregory falou-me desse projeto em Livorno, em dezembro de 1982. No início dos anos 1970, André Gregory era encenador e diretor de um grupo experimental denominado Manhattan Project. Logo ele abandonou o trabalho, em busca de aventuras e crises solitárias. Também ele tinha deixado atrás de si atores que não sabiam mais o que fazer em teatro. Ele viria a contar suas viagens, experiências, rupturas e retornos no filme *My Dinner with André* [Meu Jantar com André], escrito e representado com Wallace Shawn, dirigido por Louis Malle: dois amigos conversam em um sofisticado restaurante de Manhattan, ou melhor: André fala e Wallace, até quase o final, escuta. Durante todo o filme nada mais acontece senão uma conversa em grande parte monológica. Aparecem aventuras, *coups de théâtre*, suspenses que retêm a atenção do espectador tão bem quanto um bom filme de suspense. Uma peça cinematográfica única em seu gênero (ver o roteiro: W. Shawn e A. Gregory, *My Dinner with Andre*. New York, Grove Press, 1981).

histórias possíveis: o que no jargão denomina-se "o treinamento individual". A situação de base inventada por Pirandello poderia ser encenada transpondo-a para a estrutura de um estágio em que atores, detentores de uma cultura particular, procuram transmitir elementos dela a outros atores que, por formação, são mais neutros e mais maleáveis. Os primeiros são mais fortes e mais frágeis, migrantes, estão verdadeiramente em busca de um autor, pois, em seu campo, os encenadores são de fato "autores", justamente no sentido pirandelliano do termo: tecedores de histórias, de tramas significativas que podem destilar um sentido geral a partir de peripécias pessoais. Os segundos são mais fracos e mais resistentes: atores intercambiáveis no campo teatral.

Um projeto simples e genial. Não se realizou porque os personagens deveriam ser pessoas bem definidas e era preciso reuni-las, espalhadas que estavam em mil ocupações para a sobrevivência. Cieslak não foi um dos personagens itinerantes moldados por Pirandello. Apesar disso, fez aquilo que os personagens de Pirandello não puderam fazer: entregou sua vida cênica a um autor e deixou-lhe o cuidado de adaptá-la à sua forma dramática. Literalmente foi o que fez.

Em julho de 1985, com efeito, ele ressurge com Dhritarashtra em Avignon, no *Mahabharata* de Brook e Carrière. É o rei cego, desorientado, a quem os filhos arruinaram.

No início do espetáculo, parece que Brook utilizou-o apenas por seu rosto, como no cinema: um rosto devastado e belíssimo, escavado por grandes olhos da cor do ar, invadido pela alma, e perdido, como um Tirésias em quem, de repente, até a visão interior fora extinta.

À medida que o espetáculo se desenrola, Cieslak, aqui ator e não primeiro papel, mostra a inteligência de seu ofício. Esse rei é cego de nascença, é velho, e entretanto age como se acabasse de perder a visão, cada instante é como o primeiro instante. Cieslak mostra um pai duas vezes cego. Não representa um cego, mas a experiência que um cego tem da própria cegueira. Parece inclinado sobre um lago interior negro e vazio de onde emergem vozes que surgem, e logo se dissolvem e se confundem.

Alguns espectadores se decepcionam: dizem que não encontram nesse personagem nenhum traço dos prodígios teatrais do *Príncipe* e de *Apocalypsis*. Dizem que Cieslak é uma sombra de si mesmo.

Alguns se impressionam, cativados pela vida íntima desse personagem secundário.

Outros ainda dizem que, de acordo com o costume do teatro tradicional, a presença de Cieslak deveria ser definida na distribuição dos papéis com a fórmula: "Participação especial de...".

Efetivamente, Cieslak parece um desses grandes atores que, envelhecendo, participam de espetáculos para compor papéis, mas permanecendo em uma posição excêntrica.

Na verdade, não é velho. Mas é como se tivesse se desfeito de seu carisma, essa preciosa variante da flor de Narciso.

Alguns espectadores, por fim, observam-no com atenção mesmo quando se separa da ação principal, no que se chama de contrapontos, e notam com espanto que Cieslak, na composição do papel de Dhritarashtra, retoma seu treinamento anterior, repete em pequena escala as sequências, com a diferença de que aquilo que antes era acrobacia ou "dança" torna-se agora realismo. Mudam as dimensões, mas a forma da ação permanece a mesma. É o treinamento posto à disposição de um autor. Tem qualidade. Enfim: Cieslak não é a sombra de si mesmo. Ele representa sua sombra. Ator à procura de um autor.

## A MANCHA VERMELHA

O treinamento de Cieslak, em preto e branco, pode ser visto em um filme de 1972: *Training al Teatro Laboratorio di Wroclaw*.[10] São exercícios criados junto com Grotowski, por Rena Mirecka e Ryszard Cieslak. Nele assistimos à passagem do exercício corporal ao fluxo orgânico que é pensado. Vemos como, a partir de uma postura, nasce uma imagem e, a partir desta, uma ideia, uma linha de pensamento, uma situação, um fragmento de uma história possível.

Aqueles que ainda usam a infeliz expressão "teatro do corpo" deveriam sentar-se por muito tempo diante desse filme, até o momento em que consigam compreender que se trata justamente do oposto: de "teatro do espírito", em que processos mentais se tornam palpáveis, visíveis. Por vezes, como peixes em um rio, os "conteúdos" emergem. Mas é sempre o ritmo do pensamento que vemos. Aquilo que, na vida cotidiana, é "corpo", proteção, torna-se pensamento do coração, coragem na vida extracotidiana do *training* de Cieslak.

"Quando o espetáculo acaba" – nota Richard Schechner – "Cieslak entra na fase de resfriamento. Frequentemente bebe vodca, tagarela, fuma uma grande quantidade de cigarros". E comenta: "Sair do papel é às vezes mais difícil do que entrar nele".[11]

Enquanto Cieslak grava para o cinema e para a televisão o *Mahabharata* e seu Dhritarashtra, novos jovens estão explorando, com Grotowski, caminhos próximos dos que ele – Cieslak – e seus

---

[10] Direção de Torgeir Wethal, produção do Odin Teatret Film para os programas experimentais da televisão italiana. Participaram do filme, no papel de alunos de Cieslak, dois atores do Odin Teatret. Em duas partes, cada uma de cinquenta minutos.
[11] R. Schechner, *Performative Circumstances from de Avant-garde to Ramlila*. Calcutá, Seagull Books, 1983, p. 97.

camaradas tinham aberto. Esse novo trabalho não tem por finalidade um espetáculo. Contudo, aqueles que excepcionalmente são admitidos a observá-lo veem, entre outras coisas, justamente ser preenchida a falta que Schechner deplorava ao dizer, após as palavras que acabamos de citar, que Cieslak sabia preparar-se para estar pronto, sabia deixar correr seu processo interior entre as margens da partitura, mas que não tinha a menor ideia daquilo que faria depois. Eles veem uma passagem gradual, e também cheia de nuanças, do tempo denso do "ritual" ao tempo real. Um enxerto delicado do comportamento extracotidiano no comportamento cotidiano e vice-versa.

Do mesmo modo que cair de joelhos várias vezes ao dia pode arruinar os meniscos, as quedas repetidas do tempo denso do espetáculo no tempo comum que se lhe segue, o dos cigarros e do álcool arriscam esmagar e inflar algo de íntimo.

Embora eu não conheça nada disso tudo, que me seja permitido colocar a questão.

Há ainda um filme do *Príncipe constante* também em preto e branco, rodado às escondidas, reconstruído com uma filologia inteligente.[12] O toque final de precisão "ecdótica" seria, entretanto, uma

---

[12] O filme é apresentado como uma "reconstrução audiovisual do espetáculo" baseada em uma gravação anônima feita em 16 mm com câmera fixa, pós-sincronizada pelo Instituto del Teatro e dello Spettacolo dell'Università di Roma em 1974, supervisionada por Cieslak. Para a trilha sonora, foi utilizada uma gravação em áudio feita em Oslo em 1965, um ou dois anos antes das tomadas cinematográficas. Durante o trabalho de edição do filme, nenhuma adaptação ou correção da trilha sonora foi necessária; ela coincidia perfeitamente com as imagens, embora estas tenham sido gravadas com essa defasagem de tempo. Somente nos momentos em que a gravação cinematográfica é interrompida para mudar o rolo do filme é que a trilha sonora não corresponde a nenhuma imagem. Nesses casos, a lacuna é posta em evidência, de acordo com um uso (prático) correto da restauração. Uma gravação de melhor qualidade – já que foi expressamente realizada – dos últimos dez-quinze minutos do espetáculo, pela televisão norueguesa, está conservada nos arquivos do Odin Teatret.

mancha vermelha num lugar adequado, introduzida entre o preto e o branco, como a cortina final na primeira cópia do *Potemkin*.

Observemos uma vez mais Cieslak em *O Príncipe Constante*. É um dos espetáculos fundamentais do século XX. Numerosas vidas, profissionais ou não, mudaram de rumo depois do encontro com esse espetáculo. Se a projeção do filme é feita diante de um público numeroso, não podemos escapar de uma vaga sensação de desconforto, como se uma ação impudica se desenrolasse diante dos nossos olhos. O exterior de Cieslak, o "corpo", parece transparente. A ação é extrema, mas controlada como uma partitura musical. Estertor, tortura, desespero e morte têm a precisão de uma dança. A encenação de Grotowski permitia aos espectadores viver a experiência de observar alguma coisa interditada ou secreta. No filme, esse constrangimento provocado pela visão se perde, e então a situação pode verdadeiramente aparecer como um pouco embaraçosa.

Mas observemos Cieslak. Stefan Brecht foi provavelmente quem, com maior precisão, compreendeu que todas as ações do ator atravessam, sem demorar-se aí, o mundo intermediário, o da psique e das emoções. Elas não dizem respeito aos fantasmas pessoais nem às paixões pessoais, elas dizem respeito, em compensação, à objetividade da vida física e à objetividade do espírito.[13]

É talvez um outro aspecto da coragem que pertence a uma tal arte: debruçar-se à beira de uma situação em que, por razões técnicas e de ofício, se é obrigado a ver como o "eu", o buraco da boia, é de uma nulidade consistente.

Escutemos Cieslak explicar a Schechner o que acontece:

---

[13] Cf. S. Brecht. *The Drama Review*, n. 46, op. cit. Trad. Italiana: S. Brecht, *Nuovo Teatro Americano* (1968-1973). Roma, Bulzoni, 1974, p. 205.

A partitura é como um vaso de vidro que contém uma vela acesa. O vidro é sólido, está ali, você pode contar com ele. Ele contém e guia a chama. Mas ele não é a chama. A chama é meu processo interior, a cada noite. A chama é o que ilumina a partitura, o que o espectador vê através da partitura. A chama é viva. Assim como a chama que se move atrás do vidro varia, cresce, diminui, quase se apaga, de repente brilha com força, reage a cada sopro de vento, assim minha vida interior varia de noite para noite, de instante para instante... Cada noite eu começo sem nada antecipar. É a coisa mais difícil de aprender. Não me preparo para experimentar o que quer que seja. Não digo para mim mesmo: "Da última vez, essa cena foi extraordinária, tentarei repeti-la". Quero somente estar pronto para o que acontecerá. E eu me sinto pronto para aproveitar o que acontecerá se me sinto seguro em minha partitura, se eu sei que, mesmo quando não sinto quase nada, o vidro não se quebrará, que a estrutura objetiva, trabalhada durante meses, me ajudará. Mas quando vem o momento em que posso queimar, brilhar, viver, revelar, então estou pronto porque não antecipei nada. A partitura permanece a mesma, mas cada coisa é diferente, pois eu sou diferente.[14]

Quem é o autor e quem é o executante? Não existem obras nas quais um ou outro possa colocar sua assinatura. É somente na fixidez do estado civil que Grotowski e Cieslak podem ser vistos como dois colaboradores. Na realidade, não existe colaboração

---

[14] Esse texto é citado por R. Schechner, op. cit., p. 96. Foi extraído de uma entrevista que fez com Cieslak, inédita, creio eu.

entre entidades, existe apenas uma interação, um devir, uma casca feita com sabedoria e bem fixada, um canal necessário e insignificante em si mesmo. No interior: um fluxo.

Essa casca não é nem de Grotowski nem de Cieslak. Esse fluxo não é nem de Cieslak nem de Grotowski.

Para o espectador, como para a câmera, o Príncipe existe, personagem preciso, pois seu nome é preciso e fixo. Mas ainda uma vez: atrás desta fixidez do mapa não há nem morte nem tortura.

Grotowski já o disse: todo o trabalho entre ele e Cieslak para *O Príncipe Constante* não partiu do texto. A partir de detalhes de uma experiência vivida foi-se formando uma partitura de ações físicas e vocais que emergiam para ir em direção à objetividade a partir da memória emotiva do ator. Estavam relacionadas com certas reminiscências ligadas à adolescência. Nenhuma delas era dolorosa. As ações que formam a partitura de Cieslak remontam ao passado (detalhe após detalhe) de uma experiência amorosa, a primeira, nessa idade em que o eros está numa *no man's land* entre sensualidade e prece, em que os impulsos biológicos se confundem com uma experiência espiritual. Foi um trabalho de memória física. A partitura tem sua forma estável e precisa — portanto objetiva — quando as referências ao personagem de *O Príncipe Constante* foram colocadas sobre ela com cuidado. As palavras do texto foram colocadas sobre a partitura vocal. Os signos que os espectadores reconheceram depois como esperança, amargura, desespero, tortura, frio interior, agonia e morte foram construídos com a partitura física. O contexto foi preparado: as relações entre o Príncipe e os outros personagens, ou seja, a intriga que dá forma à significação do drama.

Tudo isso é a trama benfeita de uma ilusão. Mas não é coisa fácil. É também um vaso de vidro, com o qual o espectador pode contar para seu processo ao longo do espetáculo.

Mas voltemos a Cieslak: podemos imaginá-lo agindo e conhecendo perfeitamente, friamente, a cruel história que representa. Da mesma maneira, ao mesmo tempo, está sob a luz de uma reminiscência de amor.

É a ubiquidade do ator. Ela é a-topia.

Talvez por causa disso é que Grotowski, espectador profissional do ator, mas também espectador dos espectadores, conhecendo as intersecções das ilusões bordadas, podia parecer para alguns como se tivesse um certo sorriso desonesto.[15]

Isso tudo não é uma espécie de filosofia? Nesse caso, trata-se dessa filosofia que a prática do teatro possui em si mesma.

E a mancha vermelha de que falamos? Era um cobertor vermelho que aparecia no espetáculo com diversos usos (flagelação, sudário, cobertor, casaco...). O espetáculo também dava a impressão de ser em preto e branco. Nos esboços em carvão que esquematizam as cenas-chave para a reconstrução de *O Príncipe Constante* no primeiro volume de *Voies de la Création Teatrale* [Vias da Criação Teatral] (Paris, CNRS, 1970), optou-se por quebrar o preto e branco reproduzindo a mancha vermelha do casaco, um pouco como o emblema do tom essencial que o espetáculo tinha aos olhos dos espectadores. Seria algo de ainda mais belo se se conseguisse obter um efeito semelhante para a sombra cinematográfica.

No final, quando o príncipe está morto e o ator repousa, o cobertor vermelho oculta-o.

(O texto original foi traduzido do italiano para o francês por Marina De Carolis)

---

[15] Cf. Stefan Brecht, já citado.

# A Grafia do Ator

*Serge Ouaknine*[1]

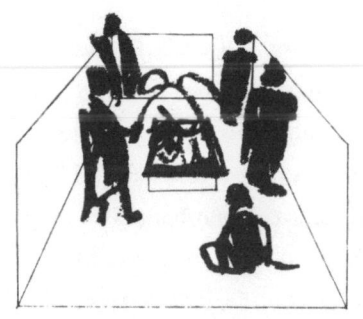

*Quando o amor verdadeiramente existe, o amante torna-se alimento para o Amado... A borboleta amorosa da chama nutre-se a distância da luz da aurora. Ela é o signo precursor da luminosidade matinal que a convoca e que a acolhe. Mas ela precisa continuar seu voo até que a tenha atingido. Quando raia o dia, não é ela que deve caminhar para a chama, mas a chama que caminha para ela. A chama não é seu alimento, é ela que alimenta a chama. Mistério grandioso: em um instante fugaz, ela se confunde com seu Amado mesmo (pois que ele é chama). E nisto reside sua perfeição.*

Ahmad Ghazali

O Príncipe Constante, desenho de Serge Ouaknine.

Eu tinha vindo à Polônia para ultrapassar os limites de minha condição de pintor e desenhista. Como o teatro me parecia o lugar de uma experiência pictórica da própria vida, o ator, para mim, era aquele que realizava com seu corpo essa pintura de dentro, oculta, uma fonte de descoberta, oferecida em seguida ao público na tridimensionalidade do espaço. Minha formação em artes visuais serviu-me de trampolim para o domínio de uma outra prática que eu acreditava estar especialmente conotada de "signos" visíveis, mais ou menos como, no cinema, Eisenstein concebia o filme como uma montagem de ícones. O desenho tinha me permitido captar e

---

[1] Serge Ouaknine é pintor, diretor de teatro e escritor. Leciona no Departamento de Teatro da Universidade de Québec, em Montreal.

compreender o gesto de atores excepcionais, e fiz disso uma base para decodificar o discurso de encenações e de processos complexos e originais. Pude produzir a grafia e o estudo de uma multiplicidade de momentos que jamais fotógrafo algum foi autorizado a captar.

Eu tinha a tentação das escrituras do Oriente. O gesto na escrita caligráfica acedia mais imediatamente ao "invisível" que as codificações ocidentais, que são muito lineares, emocionalmente menos preensíveis. Admirava o esforço colossal de Henri Michaux, a fragilidade combatente de suas arranhaduras e manchas que afirmavam uma escritura do gesto, esboços ocidentais dos monges budistas zen que, com tão pouco, diziam tanto... Ao imitar tão racionalmente o aparente, o Ocidente parecia prisioneiro do anedótico, atrás de uma barreira cênica que o corpo só conseguia transpor ao preço de grandes dores, de projeções violentas ou de extravagâncias. Assim, pintar ou desenhar deveria ser uma aproximação com esse Oriente pela sutileza do traço que imprime a marca do sujeito falante. Ia para a Polônia, pois esse país estava na fronteira de muitas memórias e de duas civilizações. A arte abstrata então, de uma desordem "informal", parecia calcar essa "segunda" natureza e operar, no Oeste, a revolução das grandes lições do Oriente.

Também, sem resistir, tinha abraçado as transgressões de signos e de convenções de Grotowski. Aquilo que de fora parecia ser seu combate com o corpo visava uma sombra que ele não nomeava. Matéria e memória anulavam-se na mesma fonte de luz cujo órgão visível era o obstáculo. Grotowski inventariava a memória. Não a negava. Buscava passagens para uma "outra vida" e renovava os antigos códigos em novos. Encantava-me que a obra fosse um caminho de vida.

## DE CÉZANNE A GROTOWSKI

No início, observando o trabalho dos atores, seus exercícios e improvisações, dizia para mim mesmo que a ação do diretor com o ator era análoga à do pintor com a natureza. Primeiro encontrar um tema. Uma fonte de inspiração. Aderir a ele assiduamente. Pacientemente. "Soltá-lo" apenas no último momento, quando a forma que se esquiva se entrega pelo esgotamento de toda espera, como o suor sobre o palco, como um santo sudário a que o corpo teria finalmente entregue o momento-memória de sua definitiva impressão.

Cézanne, às vésperas da morte, havia retomado a questão que sempre o assombrou: qual é a natureza desse corpo de pedra e madeira, desse fogo vibrante que transparece na matéria sem que a aresta do rochedo tenha desaparecido totalmente? A montanha Santa Vitória tinha revelado seu segredo, não nos óleos que o mestre de Aix tornava cada vez mais leves, modestamente, em suas

Desenho de Serge Ouaknine (outubro de 1966) a partir de improvisações para a preparação do espetáculo *Apocalypsis cum Figuris* (1968). Tema: o pátio dos Milagres.

aquarelas de 1906, como resultado de um desejo esgotado, quando a estrutura que articula as formas pode mostrar não o traço, mas sua aura de luz. Com traços vibrantes de grafite sob a aguada de pálidos azuis e de turvos amarelos, Cézanne fazia cantar menos o ardor provençal que o vazio intersticial da matéria. Também, quando Grotowski explicou-me que uma diferença de "técnica" e de processo de atuação distinguia Ryszard Cieslak de seus companheiros, que tinha trabalhado com eles separadamente durante seis meses para depois integrar a luz de um na grafia mais obscura dos outros, compreendi que buscava essa transformação para um "outro céu", uma "outra natureza" sob a aparência natural, exatamente como a modernidade tentava apagar a imitação do visível como referência primeira da pintura.

Sabemos que a operação einsteiniana é simultânea à das últimas aquarelas de Cézanne e que os impressionistas estão, no fundo, mais próximos da "natureza" da luz que um Picasso cubista tomando para si uma teoria formal (e logo abandonada), derivada da dita lei da relatividade. Picasso dava livre curso à sua necessidade de violência desestruturando os planos, enquanto Cézanne, no fundo, anunciava todas as revoluções visuais e musicais da modernidade.

Envolvida em minuetos selvagens e em tauromaquia, a "transluminação" dos três monólogos de O Príncipe Constante buscava, como em Monet, esse apagamento dos contornos da matéria refletora, uma "ninfeia" do corpo e da alma, ou queria somente negar a literalidade da presença obscura dos clichês? Grotowski escondia parte de seu jogo. Além do discurso formal que acrescentava aos textos outras metáforas, outras maneiras de habitar o espaço e de nomear a memória, acontecia alguma coisa que só fui compreender mais tarde. Não se tratava de um sistema de imitação, mesmo transfigurada como em Seurat, em que a dramaturgia em preto e branco dos desenhos permanece na fronteira do sensível e do analítico, nem de um claro-escuro apaixonado como em Rembrandt, mas de uma mudança na percepção mesma do real, de uma *natureza outra*, por trás do mundo aparente. Era preciso, portanto, ler além da pele.

Como Cézanne, Grotowski buscava a "verdadeira natureza", aquela que acede à substância que lhe transcende. Pouco importa que essa "luz" consubstancial emane do corpo de Cristo ou da oliveira.

## DE UMA ATUAÇÃO NÃO INTEIRAMENTE IMAGÉTICA

De algum modo, o "Sermão da Montanha" que arrebata, segundo penso, todo artista de raiz ocidental no século XX, por meio da delirante interrogação do corpo ou do rochedo, desde a dita falência dos grandes textos, resumia-se na operação cézanniana que eu percebia em Grotowski: criar imagens que se eclipsem, manter da grafia de um espaço apenas a carga energética a fim de libertá-lo do tempo. Desfazer o anedótico acelerando a velocidade de seus signos, para que a história caia ou se desintegre, para que toda a matéria retorne ao vazio tendo liberado sua energia-luz. Dispersar os signos. Apagar o espaço e mostrar a vaidade do tempo.

Esse rodeio, não o faço por retórica. Nesse princípio de janeiro de 1966, em Wroclaw, eram essas as nossas conversações. Ele me dizia ter muito de Greco ou de Grünewald, cujo *Retábulo de Issenheim* (1512-1515) em Colmar era sua referência quase absoluta, seu exemplo por excelência, pois dizia: "Não há fonte de luz exterior ao sujeito, uma iluminação de fora para criar uma teatralidade. Os personagens de Grünewald são iluminados do interior".

Para mim, o "mestre de Wroclaw" realizava uma missa sacrificial, celebrava o despojamento do real aparente e dos ícones da palavra sagrada sobre o altar de uma verdade mais tangível que o verbo e menos palpável que o corpo. E, portanto, era necessário ainda distinguir duas dimensões nesse processo, de um lado, um discurso formal perfeitamente inscrito no seu próprio tempo, e de outro lado, um não discurso, um processo mais complexo e que não mais se referia às formas, ou, se ainda havia formas, essas agora não eram mais do que o veículo protetor de uma experiência, de uma gnose ativa e da qual o teatro não representava toda finalidade.

Assim precisaríamos distinguir em Grotowski a permanência de um duplo discurso, o processo experimental, de um lado, que pode associar-se também ao mundo das formas e, de outro lado, um ensinamento, uma via de conhecimento para uso íntimo e acessoriamente coletivo, pelo cordão umbilical que liga cada solidão ao destino de sua tribo. Sua genialidade é ter sabido confundir esses dois mundos, dissimulados um no outro, para aqueles que buscavam o teatro e para aqueles, menos numerosos, às vezes confundidos com os primeiros, para quem a passagem à cena é um instrumento, uma via, a mais "social" das vias e a menos impura (no Ocidente). Não totalmente separada do mundo, essa rota expira, para além da "Santa Vitória", apenas apontando para um caminho de luz.

Nessa aventura, ao mesmo tempo pessoal e coletiva, o ator só entrega sua imagem, e seu timbre de voz, só nos atinge, como o sábio, no momento em que *ele mesmo* expira, "morre para si mesmo", dizem as tradições, abandonado dentro das costuras de suas vestimentas, à luz do interior como um Grünewald e descosido e transparente como uma última aquarela de Cézanne.

## A RECONSTITUIÇÃO GRÁFICA DE *O PRÍNCIPE CONSTANTE*

Na primavera de 1966, *O Príncipe Constante* já vinha sendo apresentado há alguns meses, uma vez por semana, e para um máximo de quarenta espectadores. Era apresentado na própria sala de pesquisa do Teatro Laboratório. Grotowski pediu-me para reconstituir a "partitura" (ou seja, o roteiro extraído do texto original, as ações dos atores e a encenação).

O processo, acompanhado de sua análise, durou um ano e meio, paralelamente ao meu envolvimento no conjunto das atividades do teatro (treinamento corporal e vocal, improvisações, faxina, etc.). Assisti a 58 apresentações.

No princípio, não conhecia ainda a língua polonesa e, portanto, desenhar os atores impôs-se a mim como o meio mais seguro de completar um material para compreender de quê era feito esse transe, e que lógica entretecia os signos. Escolhi um ponto de vista frontal. Para cada apresentação, preparava folhas em que tinha previamente desenhado o enquadramento cenográfico em que os atores se moveriam (um paralelepípedo, visto de cima, com o tablado de madeira no centro). Depois, para maior precisão, alternava a captura "espontânea" do jogo cênico (desenhava sem olhar a folha para que minha mão fosse o instrumento direto do meu olhar) com desenhos em corte, mais racionais, "técnicos", em plano horizontal (com lápis preto e vermelho) a fim de posicionar os atores no espaço cênico. Atribuía letras a cada ator e números às etapas de seus deslocamentos maiores. Assim, cruzando desenhos energéticos em "volume" e desenhos frios em plano de corte, o chão imaginário do meu papel pouco a pouco revelou uma lógica gráfica que unia esses seres entre si.

De fato, eu caligrafava o jogo cênico como se cada ser fosse uma letra em um pergaminho sagrado. Não podia faltar nada e eu não podia cometer erro algum. Cada um deslocava-se como consoantes definitivas em preto e branco de um rolo da Lei, do qual eu deveria fazer a compilação e depois o comentário. A voz viva conservava as inaudíveis vogais. Os personagens deslocavam-se exatamente como em um raciocínio cabalístico em que a permutação das letras permite explorar o sentido das palavras, conhecer seu peso, sua carga numérica. Todas as interferências no tempo e no espaço, por ínfimas que sejam e que alteram as letras vizinhas e mais ainda o próprio sentido das palavras. Toda a frase em seu projeto divino.

Trabalhava primeiro observando, depois, conhecendo de cor o espetáculo, desenhava-o de memória. Com os olhos abertos e depois com os olhos fechados para certificar-me de que não reduzia a ação às suas virtudes ilustrativas, mas que a grafia restituía bem as energias e o ritmo que atravessavam os atores. Procurava descobrir a menor unidade cênica possível antes que ela se transformasse em uma outra. Obtive 87 desenhos que colei uns ao lado dos outros. Formaram uma história em quadrinhos dobrável com quase treze metros de comprimento.

Foi então que, com a melhoria de minha compreensão do polonês, vim a constatar que minhas 87 sequências gráficas correspondiam exatamente às 87 cenas da decupagem e da montagem dos textos em polonês que "inconscientemente" Grotowski tinha construído com seus atores. Como eu não tinha acompanhado o processo de criação, a prova era flagrante. Não tinha sido usado nenhum caderno de direção. Cada ator tinha a memória orgânica e pessoal de seu trabalho. E somente isso. Essa oralidade do ato viera juntar-se a essa virtualidade corporal que atravessava os textos de Slowacki, em uma ordem que não correspondia em nada à original da peça. Eu tinha reconstituído a partitura visível, um *filme gráfico* de suas raízes textuais e orgânicas.

Cheguei à conclusão de que uma coerência paradigmática do visual e do auditivo estruturava o conjunto dessa obra e que me bastava agora confrontar termo a termo meus desenhos e os textos, os planos de deslocamentos e a decupagem das sequências, para restituir essa globalidade, mas a partir do interior, para compreender as translações, os desvios, as separações, descobrir a que fidelidade obedecia essa traição poética que Grotowski tinha efetuado em relação ao texto clássico que o tinha inspirado.

O que minhas mãos tinham incubado, minha cabeça poderia transformar em discurso, refazendo por via analógica o caminho pelo qual os atores tinham chegado a seus próprios gestos.

## UMA GRAFIA IMPOSSÍVEL

Aparentemente era possível reconstituir tudo. Entretanto, uma dimensão resistiu por inteiro do início ao fim da minha empreitada.

Desde os primeiros meses de meu trabalho, fui confrontado com um obstáculo maior: podia desenhar todos os atores, exceto Ryszard Cieslak, o próprio Príncipe, cuja presença parecia-me impalpável e não concernia ao visual, mas a outra coisa... Equivocadamente, eu buscava o teatro por meio da forma. Faltava-me perceber que, se a grafia que fazia dos corpos superpunha-se a uma grafia dos gestos, a uma tipologia nunca fechada de significações, de relações plenas de sentido e, então, acima disso, a uma narrativa específica, Ryszard Cieslak escapava a esse enquadramento. Sua presença só concernia acessoriamente ao visual. Fechando os olhos, eu ainda podia desenhar seus companheiros, bastava-me ouvir suas vozes, esboçar o jogo furtivo e denso dos deslocamentos, enquanto ele, Ryszard, modulava encantações e sua voz não autorizava nenhum traço. Soube então que estava diante de um fenômeno que o teatro, naquela essência anterior, não incluía. Para mim, a cena concernia ao espaço, à caligrafia de uma palavra, impressa de maneira diferente que as palavras. Testemunhava um rito dissimulado em outra coisa: de um lado a "mascarada teatral" dos cortesãos vestidos de negro, da soldadesca zombeteira e desesperada, com acentos e murmúrios fustigantes e, de outro, o Príncipe, com um bragueiro branco, o corpo suntuosamente belo, como uma obra-prima de museu e, então, inapreensível.

A cena, é certo, tinha um aparato formal impecável, mas aquilo que Grotowski chamava então "o presente autêntico" ou ainda "o ato total" escapava a qualquer convenção. A propulsão encantatória do corpo despido de Ryszard Cieslak, os gritos e prantos de suas interpelações a Deus e à raça humana, os seus três monólogos, ou ainda sua voz de além-túmulo seguida de compulsões dilacerantes,

Desenho de Serge Ouaknine (outubro de 1966) a partir das improvisações para a preparação do espetáculo *Apocalypsis cum Figuris* (1968). Tema: o pátio dos Milagres.

tudo provinha de um canto de amor que era também um testemunho da morte iminente. Sua incrustação no trabalho do grupo não resultava mais de um espaço tangível, nem de uma distribuição dos comportamentos tais como a vida nos mostra, mas de uma experiência imediata, indecifrável e cujas formas e sons refletiam, no fundo, avatares e não a verdadeira face.

## UMA ATUAÇÃO PARADOXAL

Não tive, em contrapartida, nenhuma dificuldade em desenhar Ryszard Cieslak em todas as iconografias de Cristo nas quais ele deveria entrar, tanto ao longo das improvisações quanto nas primeiras montagens daquilo que já se encaminhava para "a realização final" de Grotowski no teatro. A exploração por meio de improvisações temáticas, de *Samuel Zborowski*, passando pelos *Evangelhos*, até *Apocalypsis cum Figuris*, apresentava um desafio diferente. As encantações do Príncipe tinham-se transmutado em uma compulsão coletiva, a incandescência da carne ou a fusão amorosa em uma festa noturna, a bacanal fúnebre de uma história sagrada. Era um pedaço do Ocidente cristão que passava pelo "purgatório", com sarcasmo, um apelo a uma Jerusalém celeste ou temporal que não virá, com algumas nostalgias ferozes, um turbilhão de signos como que sob o efeito de um acelerador de partículas. O íntimo e o não desenhável retornavam às fontes dessa cristandade de carne e de sangue, e mais longe ainda, ao substrato pagão de que ela se nutrira.

A dança das imagens a carregava, unia-se à cólera fugitiva das vozes. Sim, isso eu podia desenhar. Cieslak não era exceção, "tecnicamente" não se distinguia mais do grupo, senão por seu papel carismático e frequentemente equívoco de Cristo. Eu podia desenhá-lo, pois ele tinha se unido aos outros, com uma mesma doçura ou uma mesma loucura, em certos momentos ainda com alguns timbres mais perturbadores, alguns perfumes imateriais que provinham de seu talento e não mais de uma *diferença de natureza* funcional de seu processo de atuação. Vinha junto com os outros, sacerdotes, feiticeiras, prostitutas, freiras, profetas, mendigos, céticos, crentes e vendedores do Templo, junta-se ao cortejo de figuras de uma memória alucinada, de uma memória testamentária.

*O Príncipe Constante*, que foi apresentado ainda por cerca de dois anos, acentuava a diferença de natureza das duas formas de presença que continha, enquanto *Apocalypsis cum Figuris* seguia sua trajetória de adeus. Para Ryszard Cieslak, um processo primeiramente físico e depois "corporal" tinha chegado a esse ponto sem retorno em que a consciência incendiada não pode mais voltar à norma de uma identidade cotidiana, tanto mergulhara no papel de salvador das traições do amor. Em *Apocalypsis cum Figuris*, Cieslak estava "normalizado", ou quase, o que lhe permitiu assistir Grotowski na estruturação final da encenação.

O CORPO MEMÓRIA

No ápice de cada um dos três monólogos de *O Príncipe Constante*, os estremecimentos do corpo de Ryszard Cieslak são os sinais de aviso, mas não a prova, de um estado extático que vê a consciência modificar-se e a percepção mudar de natureza. Vêm juntos o esgotamento emocional da memória e a vacuidade meditativa que a portava, e o corpo "cai", pois a memória não o sustenta mais. Isso não se desenha. Exteriormente, a testemunha observa efetivamente certos sinais cuja "teatralidade" não é certa, mas a espetacularidade assegurada.

Há uma fascinação do olhar pelo despojamento vibrante do Príncipe. Pode-se notar uma certa alteração da cor da pele; às vezes semifechados, o revirar dos olhos vêm confirmar essa vertigem interior na qual o ator oscilou e então o corpo cai. A convulsão que o atravessa não é comparável à, mais dramática, de uma crise epilética, pois aqui o corpo irradia, libera invisivelmente um espasmo benfazejo, a face não está severamente contraída, é quase angelical – de um angelismo não barroco mas sereno: as núpcias da certeza e do apaziguamento.

Insisto em dizer que não se trata de uma epilepsia "experimental". Não. A diferença é notável. A baba branca, discreta, do ator no canto da boca é a de um orador que dominou seu discurso e não a secreção imposta a um corpo vítima de desordens nervosas. A cor da pele tende a um rosa dourado, de uma doçura luminescente.

No epiléptico, ela é opaca e tende ao verde fosco, um pouco úmida como nos seres que desmaiam. A imagem corporal que o ator desenha não provém do caos, mas, ao contrário, de uma maravilhosa elegância da forma, ao mesmo tempo robusta e suave, como se a imagem fosse exalada de dentro com o consentimento longínquo de seu intérprete, enquanto naquele outro a silhueta seria penosa, pois veríamos nela o sofrimento, como que projetado pela tensão dos nervos.

Não, no corpo do Príncipe constante, no corpo de Ryszard Cieslak, ao final de cada um de seus três monólogos, encontrei-me toda vez em presença de uma memória do fundo dos tempos e que me fazia compreender a felicidade de Al-Hallâj, o poeta sufi, recitando com alegria seu ato de fé, enquanto do lado de fora, fora dele mesmo, outros estavam ocupados em despedaçar aquele sobre quem o sofrimento não tem mais poder.

O CORPO LUZ

Aquilo não se desenha. Aquilo poderia ser pintado segundo a técnica de verniz dos primeiros flamengos, na qual a superposição das demãos e a interatividade de diferentes camadas cromáticas podem restituir essa respiração luminosa da pele, tão tocante nos primitivos holandeses. Fra Angelico, na Itália, herda os procedimentos de modelagem dos bizantinos e dos sienenses. Ao jogo de temperaturas quentes e frias acrescenta um "angelismo" temático e, no plano técnico, uma clarificação da palheta, alcançando uma emoção parcialmente próxima da que conviria para nomear esse "embaixo" e "acima" invocados em O Príncipe Constante. Os dourados e azuis de seu Cristo Ultrajado, o sentido emblemático do volume, confundem a matéria e a "luz" dos assuntos apresentados.

O mestre de Fiesole, envolvido pela doçura toscana, enuncia um futuro do mundo para além de todo reviver sacrificial, desligado já do envoltório carnal, antecipando a felicidade "espiritual" do ponto de vista transcendental da fé e não do ponto de vista imanente e atormentado da paixão.

O que transpassa Ryszard Cieslak posiciona-se a meio caminho entre esses dois mundos. O Príncipe confunde-nos nessa fronteira onde o corpo fala com sua carga humana e terrestre, enquanto a alma escapa dali, deixando em segredo seu despojamento expiatório estremecido. Em Fra Angelico a sublimação é mais franca, a comoção estética ganha claridade ao permanecer conceitual, intelectualmente mais discernível que esse fogo turvo, habitado por demônios, do Cristo e das figuras do Retábulo de Grünewald. Quanto a Ryszard Cieslak, por estar vivo, para além de qualquer pintura, sua luz precede imperceptivelmente o estremecimento da carne e, de fato, impede-me de desenhá-la, a não ser por elipse, pelo "vazio", um pouco como nas caligrafias zen o branco inalterado do papel figura a queda da água, o pincel contentando-se em cercar aquilo que não cessa de fluir, sem ser representado.

Não há metáfora possível para esse ato, senão por aproximação, e Grotowski teve razão ao afirmá-lo. Sobre esse corpo luz vem apoiar-se o teatro, na fronteira do rito e da mascarada. Via negativa. Técnica negativa. Ambígua. O objeto impalpável parece não ter, por um instante, mais nenhum corpo, somente a sua própria e inominável alteridade. Nessa região em que ela irrompe, não é possível fazer mais nada com essa luz.

O IRREDUTÍVEL E ALÉM

Nenhum documento em vídeo ou cinema poderia restituir aquilo. É um ato vivo. Apenas isso. Irredutível a qualquer outra coisa. Teatralidade última e ao mesmo tempo não teatralidade absoluta como a transparência da pele. E, portanto, com muita clareza a experiência apresenta-se aqui como antirrepresentação, apesar do envoltório formal do conjunto. É como se no Templo todos os aparatos do rito tivessem a única função de fazer perceber a nudez do "deus" que é celebrado atrás do véu.

A ambiguidade da encenação de O Príncipe Constante se deve a esse gênio da criptografia que caracteriza o trabalho de Grotowski. Há sempre dois planos, dois andares, dois níveis, dois lugares de ressonância ao que é dito, uma dualidade fundamental que jamais se resolve inteiramente, permanece dividida, insiste na divisão e encarrega-se de forma sublime de mostrar as fronteiras em que a conjunção poderia enfim acontecer, mas onde jamais chega – senão na *mise en abyme* desses dois mundos, como duas estrelas cadentes precipitando-se da mesma nebulosa.

É assim que toda experiência amorosa nos restitui o vazio, todo drama desfaz-se de si mesmo. O Príncipe estremece no estado de alguma coisa muito pessoal e, entretanto, pública. Faz de nós o espectador indiscreto de sua experiência, *voyeur* de sua osmose, testemunha proibido da própria perda de consciência para a consciência de um "outro", em um si mesmo "desalterado", à fonte do que já não lhe pertence. Esse não pertencimento paradoxal acede ao vazio de si, epifania que Jung denominaria *individuação*. Essa plenitude consequente é sempre uma dedicatória. *A Noite dos Sentidos* de São João da Cruz ou as exclamações radiosas de Santa Teresa d'Ávila perante seu "esposo" conduzem a metáfora amorosa até a fronteira dos sentidos. O outro pode se oferecer palpável ou invisível. É o mesmo. O outro toma e dá a medida da alteridade na qual o amante decai e salva-se ao mesmo tempo.

Assim o Príncipe carrega todos os atributos de Cristo e o Deus que ele designa poderia também ele mascarar um outro. É assim que a técnica toma o lugar do psicológico. Pois "todo outro" é intercambiável. Somente o caminho pelo qual se opera a transferência das presenças não o é.

## EU E TU

O "fruir" do ser não pode ser imaginado sem que advenha o outro, mesmo que imaginário. O que significa que toda consciência emerge simultaneamente com sua própria alteridade. Aqui em cena, cobrindo o Príncipe de injúrias, os cortesãos são o contrário da alteridade. São a opacidade que causa luto. São os signos negros sobre o fundo da arena de madeira. A alteridade não é a diferença que me obceca e me resiste, é aquilo que abraço como condição fecunda da diferença.

Desenho de Serge Ouaknine (agosto-outubro de 1966): Ryszard Cieslak durante a preparação do espetáculo *Apocalypsis cum Figuris*, 1968. Temas: Jesus com sua mãe, Jesus na sinagoga, Jesus no templo.

Essa *constância* do Eu e do Tu, tal como Buber ou Levinas ou Néher a nomeiam, pertence ao que há de mais fundamental no pensamento semítico. É a chave do pensamento judeu, tal como transpirou na experiência cristã que se apropriou dele. E, portanto, em seu radicalismo sem concessão, abordando as raízes de seu credo, Grotowski não poderia deixar de cair sobre sua pedra fundamental. Opera-se então um quiasma dos mais apaixonantes. Se, no devir não teatral da visão messiânica da história e de seu Deus, o judaísmo proíbe toda representação antropomórfica do "inominável", o pensamento cristão, por seu turno, diferenciou-se pela mediação carnal do sacrifício e pela fabulosa iconografia que dela resulta.

Assim, o corpo é a figura operacional por excelência pela qual no Ocidente cristão acede-se à transcendência (à figura do Pai e finalmente ao Espírito Santo). Já no pensamento bíblico pré-cristão, o homem acede a Deus por intermédio de seus profetas, pelo sonho e pelo uso da palavra exclusivamente cantada. Daí a responsabilidade coletiva da prece, sempre inscrita em uma melodia.

Assim é possível efetuar a grafia das figuras do panteão cristão, pois o corpo contém seus contornos sacrificiais assim como a onipresente cumplicidade dos personagens. Mas a partilha da presença, no Oriente Próximo, recusa qualquer figuração. Mundo de contadores encantatórios. Hospitalidade primeiro auditiva e secundariamente visual. Impossibilidade do teatro. Já que impossibilidade do ver para o dizer e da fatal separação dos seres em um ator e um público. O Eu nasceu com um Tu. Diálogo sem retrato. Encantação sem marca. Esse Oriente reenvia-nos à simples noite estrelada em que o verbo, quando canta "o deus", não canta o corpo, estando interdita à palavra qualquer imagem pela qual se faça a mediação da consciência fusional. Mundo do rito onde os caminhos individuais são sempre suspeitos de heresia. Coerção tribal que não permite a separação "individual" da consciência, mas somente a lei do grupo.

E, portanto, é necessário ir mais para o oeste ou mais para o leste para aceder aos caminhos de rito fusional, "individuais". De um lado, o teatro, e do outro, saberes técnicos mais pessoais e sem necessidade fundamental do público. Grotowski agiu sobre esses dois mundos simultaneamente, apagando com frequência as pistas, donde a dificuldade de separar as fronteiras e de distinguir a natureza dos discursos.

## GUERREIROS DA ALTERIDADE

Dia após dia, desenhando os atores do Teatro Laboratório, eu deveria compreender que minha mão tinha deixado de traduzi-los em termos de fragmentos habitando o espaço, que a viagem que eles empreendiam provinha do tempo. O tempo, aquilo que desaparece na experiência, o espaço, aquilo que o espectador pode apenas captar.

De fato, tratava-se de uma imensa aprendizagem da atenção a si mesmo e ao outro, cada um revestindo-se do aleatório do sentido, de uma intercessão de seres no caminho que vai do dizer até à confissão última de si, a vaidade que sustentava essa trama. O outro, acolhido, para além da barreira que o separa do imaginário... Com a confissão íntima começa e termina a autonomia do eu. Em cada um o abandono ao sentido, em cada dobra do corpo um detalhe, um incêndio do ser, um desafio ao surgimento do desconhecido, a extrema distância encontrando a extrema proximidade. Esses atores não eram "atletas afetivos" conforme a expressão de Artaud, mas guerreiros da alteridade.

Por ser tão inteiramente autônomo em seu combate pela clarividência, cada "outro" tem a impressão de ser pintado a partir de dentro em cada microssegundo de instante-luz. Essa energia abandona-se e, retirando todos os fragmentos da memória e toda a transfusão sanguínea dessa memória nas artérias de um espaço coletivo, não deixa outra função ao real senão a de controlar essa hemorragia. Cada página cai sob nossos olhos como uma palavra que faz "espumar o corpo". A intimidade é abolida de tal maneira, restituída pela atrelagem da forma que poderíamos crer, do exterior, que é o corpo, enquanto alteridade, que trabalha. Então dessa memória totalmente assumida surge um estranho paradoxo, a memória íntima é também coletiva, o "nós" da memória deposita-se na terra como um rochedo no encontro com seu semelhante.

Os momentos que nos possuem desenham as fronteiras das funções, mas o espaço é feito do mesmo sonho, seu tempo é habitado pelas mesmas extinções. Os corpos, simples atrelagens nas carruagens do tempo.

## ENTRE DUAS CIVILIZAÇÕES

Então, compreendemos. Para além do teatro, para além do rito, o Príncipe surgiu como uma comoção cultural entre dois continentes. De um lado, ele é identificado, desenhado pelo ato tauromáquico de sua entrega à morte, de seu desterro apologético no teatro do sofrimento e do sacrifício; e de outro, salvo, pelas técnicas tomadas de certas formas de ioga.

A exemplaridade de Grotowski é decifrada nessa viagem de retorno até as fontes não greco-romanas da cristandade, nessa desconstrução da herança até a fronteira de sua mais longínqua imaterialidade oriental. Para ir mais longe, sem abandonar o teatro, tivera que caminhar mais para o leste. O Mediterrâneo colore toda ideia de transcendência de um incremento de paixão que o Extremo Oriente não conhece. A gnose judia transportada para o cristianismo lega um vai e vem jamais resolvido entre a terra e o céu, quando certas técnicas de ioga ou certos ritos derivados do vudu autorizam alguma coisa que, uma vez, já foi patrimônio comum do Oriente e da África.

Essa busca rara, preciosa, augura, penso eu, o que serão as verdadeiras questões culturais do século XXI e que já podemos perceber aqui e ali, em particular na dança contemporânea e na música. A passagem das memórias nacionais a uma ecologia das almas, a um transculturalismo dos povos e dos sujeitos, só pode acontecer pela aceitação do fundo comum da humanidade, sua incubação ritualizada, transpassando, mas sem compaixão e sem desejo de identificação, a história violenta que fragmentou a consciência universal, em uma Babel de territórios hipotéticos, pelo poder, pelo desejo e pela rejeição.

O que eu *podia desenhar* vinha dessa memória passional e tribal que, segundo as culturas, muda somente de forma (a corte carnavalesca, incapaz de dominar as virtudes do Príncipe, ou a matilha

Desenho de Serge Ouaknine (agosto-outubro de 1966): Ryszard Cieslak durante a preparação do espetáculo *Apocalypsis cum Figuris*, 1968. Temas: Jesus com sua mãe, Jesus na sinagoga, Jesus no templo.

de "possessos" de *Apocalypsis*), e o que eu *não podia desenhar*, desse "Oriente" mais distante e que ultrapassa toda ideia de território, um caminho íntimo, "espiritual", uma via amorosa na qual o outro surge como uma segunda natureza.

## A TRANSMISSÃO DO "AQUELE QUE FAZ"

Não são os gritos, nem a agitação gestual, nem os riscos acrobáticos, menos ainda a desmedida tonitruante dos tribunos ou o carisma fugaz dos monstros da cena, ou a evanescência ainda muito cerebral do tom neutro, furtivo e vazio que manifesta a qualidade de um ator (ou de um *doer*[2]) que tenha trabalhado por muito tempo com Grotowski... Nada disso. A qualidade não reside em um *savoir-faire* estilístico, mas em cada um, na capacidade de acolher aquilo que surge como signo de sua autonomia. E mesmo quando os atores se agrupam ou se mantêm unidos, o ar ainda circula entre cada um deles.

Quando se desloca, "aquele que faz" leva o espaço em sua passagem. Não corta o ar, mas é envolvido por ele. Não dilacera os lugares, habita-os com uma caligrafia feita por sua necessidade, verbalizada ou gestualizada. Sozinho ou em grupo, é o mesmo. "Aquele que faz" destaca-se como os personagens de Giotto. Emerge do afresco como um rochedo. Parece tanto mais colocado no espaço quanto mais se apodera do território da cena, e se ele provoca o sentimento de que o ar circula ao seu redor é porque se exercitou por muito tempo em perceber seu ambiente como uma extensão natural de sua paisagem interior.

A disciplina do "aquele que faz" designa menos uma forma que uma atitude que deixa transparecer um apelo posto em jogo, uma âncora para qualquer resposta lançada no inconsciente ou talvez ainda mais longe. Seu corpo é um veículo e não um termo. Não a ideia ou o tom, mas uma forma de dança vocal menos linear que o invólucro emocional de um personagem. Uma certa modalidade stanislavskiana, uma fluidez furtiva em que a heroína já está enlutada pela vida, e heróis e arcanjos brilham com uma precisão e uma exatidão na ação excepcionais. Uma partitura fragmentada de detalhes prismáticos em que toda ideia de linearidade psicológica foi excluída, restando a dispersão dos tropos da narrativa que não retorna à coerência senão pela lógica associativa das pulsões

---

[2] Executor, aquele que faz, em polonês. (N.T.)

dos actantes, e não pelo desejo totalizante de preencher as atitudes descritivas do texto literário com procedimentos de interpretação.

As metáforas surgem da atuação mais que dos efeitos de montagem do diretor, da escuta magistral do caos que constitui a investigação por meio da improvisação.

"Aquele que faz" abarca a multiplicidade das significações e se ri do anedótico. Autonomia. Ela autoriza a transgressão e a deriva, mas também a escuta criativa dos signos ofertados pelos outros companheiros. Toda motivação de atuação inteiramente pessoal não confirma a solidão, mas o substrato comum a toda troca, por meio do qual o sentido pode mudar de nível e o real mostrar a face oculta do não dito.

## CHAVE PARA O FUTURO

Minha opinião é que a ligação foi mais autêntica entre *O Príncipe Constante* e o trabalho atual de Grotowski em Pontedera do que o foi entre *Apocalypsis cum Figuris* e todas as metáforas californianas do não teatro. Entretanto, o processo que predominou em *Apocalypsis cum Figuris* continua uma experiência formidável, uma prodigiosa aquisição na exploração do inconsciente de um grupo, nas leis de sua negociação com o público. O trabalho de hoje, por uma ênfase maior na voz, no canto e na música, envia mais imediatamente ao invisível que à imagem que fixa sua transformação histórica. Seja qual for a técnica emprestada, o alvo não é formal, a respiração ou o mantra visam sempre uma só coisa: dissolver o processo da memória até o momento do *esquecimento*, ao momento do *não-saber*, segundo a expressão de Georges Bataille. A experiência interior torna-se um acesso a muitos, o "vazio" é sua passagem obrigatória, e o canto, o conhecimento do campo inteiro da memória do mundo...

É nesse sentido que podemos ler, no processo grotowskiano de *O Príncipe Constante*, tudo o que se deu até o momento atual – *Apocalypsis cum Figuris* aparecendo, para mim, mais como um ritual de transição carregado de imagens, com sua fatal devastação das figuras do mito, seu radical retrocesso, para "acabar" com aquilo que historicamente engendrou os ícones do poder e do pecado, da utopia do "filho do homem" (do *ben-adam*, conforme a expressão bíblica) e da repressão contingente à sua passagem na história. Grotowski limpa hoje as trilhas recobertas pelas ervas do esquecimento. Mas as marcas estão lá. É possível escapar dessa paixão coletiva que nega e mata. Ao longo de caminhos solitários, o reconhecimento da "entidade" própria a cada ser, a encarnação *a fortiori* individual que atravessa as dobras e os álibis de apego à dor acedem, quase simultaneamente, a essa memória coletiva que sussurra sob o véu da memória pessoal. Há, portanto, mudança de plano, exatamente como numa aquarela de Cézanne, quando, em torno do traço que indica, põe-se a falar a extensão mais vasta, quase impalpável da natureza. Todo esse trabalho do *corpo* e essa compaixão pelo sacrifício visam à aceitação daquilo que separa e a herança que abarca. A combustão da encarnação *não se desenha*. Não há resposta gráfica possível a esses pontos rítmicos, a essas interpenetrações das fontes, ao surgimento de outros, atitudes de encontros. Lá onde a escritura, também, termina, começa o verdadeiro saber. Ao leste do Édem... Além do Oriente. Além do Ocidente. O território da transparência não tem mais outro espaço senão o não tempo.

Para acabar com o teatro, seria preciso desenterrar todos os dramas passionais da memória histórica. Ver, e fazer como sem "fazer nada", a consciência perder o sentido do tempo e aceder livremente a todos seus velhos signos. O amor não conhece imagem se, como disse Peter Brook, "a imaginação não tem forma".

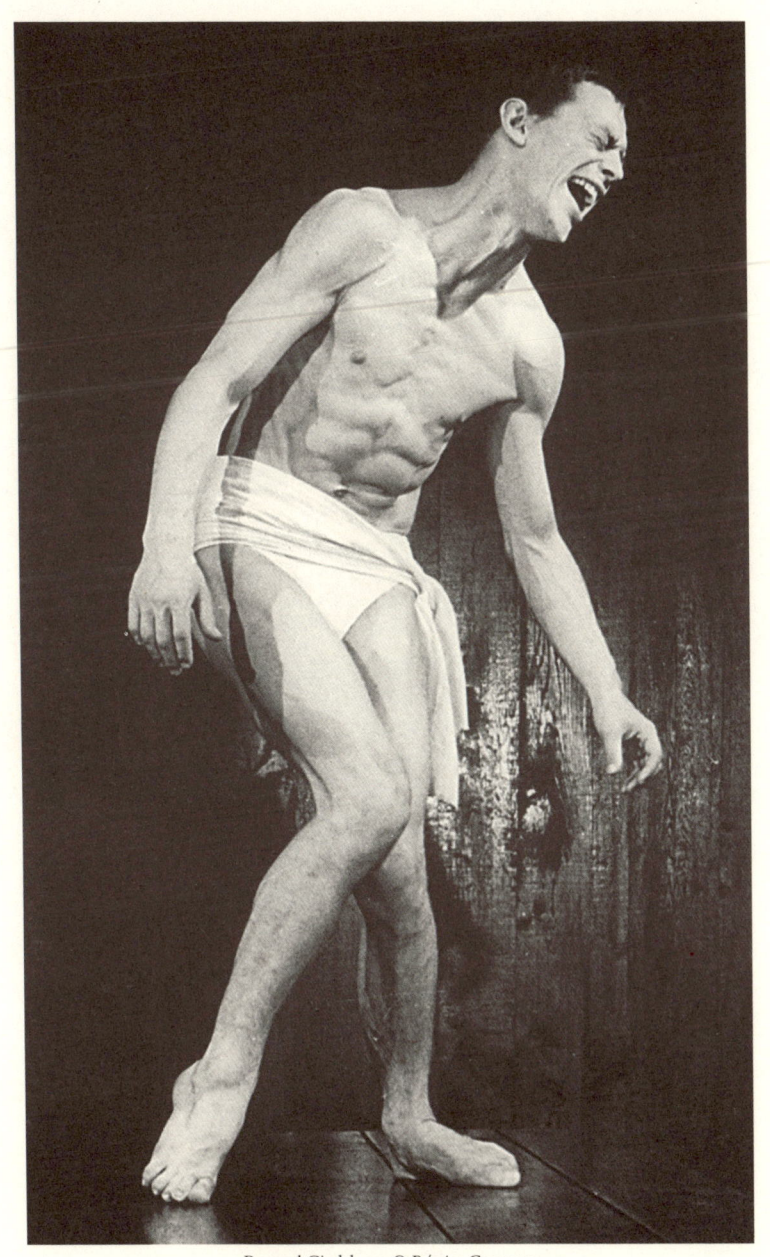

Ryszard Cieslak em *O Príncipe Constante*.

# O Pequeno Tablado de Cieslak

*François Regnault[1]*

Jerzy Grotowski assiste diretamente a todas as apresentações de *O Príncipe Constante*. *O Príncipe Constante* é encenada apenas para ele, visto que ele é o único espectador constante (nós, os outros, como Amélia, "passamos") e que não há teatro se não houver espectador. Ele está lá, mas fora do círculo em que a coisa acontece, e essa lição não tem mestre. A demonstração foi feita de uma vez por todas para Grotowski quando ensinava seu ator, e ele não tem mais necessidade de mostrá-la. Só resta a esse ator, Ryszard Cieslak, Ryszard, o Admirável, mostrar a seu mestre que ele aprendeu a lição. O professor Tulp de Rembrandt deixou o anfiteatro, e cabe ao defunto expor para nós sua anatomia. Essa se explicita diante de nós, mas somos apenas a desigualdade do saber que deve nos tornar, de ignorantes que éramos, esse sábio que no meio de nós é Grotowski, por graça do Príncipe mostrador. Aqui, a cena de teatro poderia ser assim definida: mostra-me agora aquilo que eu te mostrei, apresenta-me o que te ensinei; eu te disse onde estava teu coração, mostra-o para mim.

---

[1] François Regnault é escritor e teórico. Autor de um dos primeiros ensaios escritos na França sobre *O Príncipe Constante*. Este texto é retirado do artigo "Le Prince Inflexible à Vous Déplié" [O Príncipe Inflexível Destrinçado para Você]. In: *Le Spectateur*. Edição Béba/Nanterre/Chaillot, 1986.

Há somente duas instâncias nesse mundo imaginário: o Príncipe revelado, que dá lugar aos personagens, e Grotowski velado, que ocupa nosso lugar de espectadores. Essa relação em espelho contém a diferença do mestre e do discípulo, que deve anular-se na mostração.

O pequeno tablado de Ryszard Cieslak é o suporte de todos os fantasmas: os de Grotowski, que tomaram a forma desse Príncipe principal, e os nossos, construídos pelas mãos do Príncipe para nosso espanto e nossa fascinação. Uma outra instância visita nossa representação – a representação de nós mesmos.

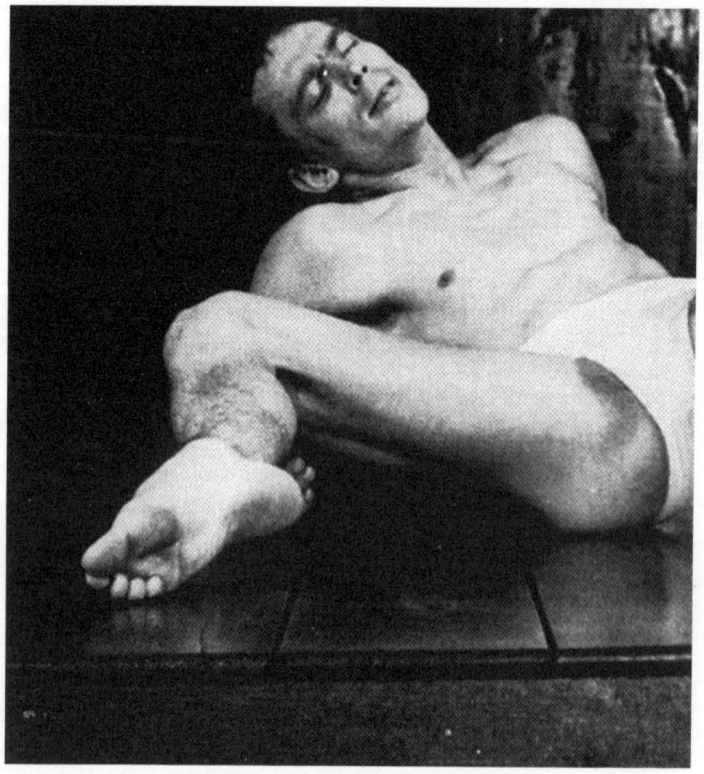

Ryszard Cieslak em *O Príncipe Constante* (detalhe).

# Ryszard, Sempre Mais Além

*Raymonde Temkine*[1]

Em agosto de 1962, encontro Grotowski na Finlândia e tenho a oportunidade de conversar com ele durante todo um trajeto de carro de Helsinque a Tampere, ida e volta. O que ele me conta sobre seu teatro é tão novo, tão espantoso, que decido assisti-lo. Vou então à Polônia em abril de 1963. Tendo por guia, pela estradas esburacadas e incertas, Ludwig Flaszen, que Grotowski mandou a Varsóvia para me receber, chego à noite em Opole, cidade mineira da Silésia. Tudo está preparado no Teatro Laboratório das Treze Fileiras para introduzir-me no inferno de Auschwitz. Assisto à última apresentação de *Akropolis* (primeira versão)[2] e sofro o impacto. Depois do espetáculo e nos dias seguintes, conheço melhor a trupe e faço amizades ali. Todos que veremos atuar nos espetáculos ulteriores já trabalham juntos, alguns desde a fundação do Teatro Laboratório em 1959 (Zbigniew Cynkutis, Antoni Jaholkowski, Rena Mirecka, Zygmunt Molik); Ryszard Cieslak somente a partir de

---

[1] Raymonde Temkine é a autora do primeiro livro consagrado a Grotowski e de outras obras sobre o teatro francês contemporâneo. Além disso, é crítica da revista *Europe*.

[2] Houve três versões de *Akropolis*. A terceira (1967) é que foi apresentada em turnê. *Apocalypsis cum Figuris* também teve várias versões. Mas as diferenças estão geralmente apenas em ínfimos detalhes. A partitura permanece a mesma.

1961. Como o primeiro espetáculo de Grotowski apresentado na França (1966) foi *O Príncipe Constante*, Ryszard tornou-se imediatamente uma estrela no Ocidente. Mas, para aqueles que não sabem exatamente o que era o treinamento e a elaboração de um espetáculo – que durava em média dois anos –, é bom lembrar a homogeneidade do grupo e que, conforme o espetáculo, era um ou outro membro, não exatamente sua estrela, mas seu pivô. Ryszard, que tinha sido o último a entrar, quando saía diplomado da Escola Nacional Superior da Cracóvia, só tinha atuado até o momento em pequenos papéis em *Kordian*. Não foi esse pivô nem em *Akropolis*, nem em *Fausto*, cujas apresentações estavam em andamento. Em *Akropolis*, mais que nos outros espetáculos, os papéis são sensivelmente de igual importância. Se algum ator se destacava um pouco mais, esse era Zygmunt Molik, o deportado com o violino, e Ryszard não atraiu particularmente minha atenção. Permanecem, entretanto, na minha memória duas ou três imagens, a do carrinho de mão emborcado em que, no papel de Esaú, sofria as invectivas de Isaac inclinado sobre ele; depois, em diferentes momentos do espetáculo, com uma boina enfiada até as orelhas, seu rosto emaciado onde os olhos engoliam as bochechas, e era sem dúvida a mais trágica dessas faces de deportados que todos apresentavam.

 Assisti aos ensaios de *Fausto* de Marlowe que não chegou a fazer turnês pelo estrangeiro, tendo Cynkutis, no papel-título, deixado momentaneamente o grupo. Ryszard Cieslak era Wagner, o serviçal de Fausto; Waldes, o mágico, e esses não eram de maneira alguma papéis secundários. Mas, era sobretudo como Benvoglio que causava sensação. Esse servidor do imperador, homem grosseiro, não aceitava ser desconsiderado pelos dignitários da Igreja, Fausto sob o hábito dominicano e os dois Mefistófoles jesuítas

Desenho de Serge Ouaknine. Ryszard Cieslak durante o período de preparação do espetáculo *Apocalypsis cum Figuris*.

(o personagem era desdobrado); o polonês dos anos 1960 poderia talvez ver neles, também, a *Nomenklatura*.

Num grande acesso de fúria, o homem do povo humilhado desmantelava o cenário, as longas pranchas postas sobre cavaletes num refeitório de monges. Era um momento terrível para os espectadores, sentados nos bancos em volta dessas mesas. E depois, acalmado por Fausto e arrependido, Benvoglio recolocava tudo no lugar. Ali, em um papel importante, Ryszard dava testemunho de sua energia e de sua criatividade e pressentia-se que nele o "ator santo" de Grotowski estava a ponto de se revelar.

Admitida também no treinamento em que cada um, conforme os exercícios, era o monitor de seus companheiros – e Ryszard já era o colaborador de Grotowski no campo das investigações sobre o trabalho do ator –, aprendi ali uma grande lição de teatro, e, mais que em qualquer outra circunstância, pude avaliar a descontração, o frescor, a disponibilidade desses possessos de teatro, depois de terminados os exercícios ou as apresentações. Eram simples, dispostos, abertos, alegres; a noite passada em sua companhia era uma festa. Os grandes olhos de Ryszard iluminavam então sua face, na qual as bochechas não pareciam mais tão cavas. Com 27 anos, parecia ter acabado de sair da adolescência.

Em 1964, acontece a transferência do Teatro Laboratório de Opole para Wroclaw (terceira cidade da Polônia em população), o que reforça em seu país a reputação de uma trupe marginal cuja crescente reputação incomoda algumas autoridades. Sua vinda ao Teatro das Nações, a convite de Claude Planson, foi recusada em 1964 e 1965. Será necessária a autoridade de Jean-Louis Barrault, que em 1966 tornou-se diretor do Teatro das Nações, para que o Teatro Laboratório saia pela primeira vez da Polônia.

De 1964 a 1966, *O Príncipe Constante* foi elaborado em Wroclaw, paciente e obstinadamente, fragmento após fragmento. Assisti a esse trabalho e à sua criação, na sala do Teatro Laboratório onde as condições eram bem melhores que em turnê, pois, em torno da arena e da plataforma, havia apenas uma fila de espectadores, as cabeças inclinadas, tocados ao vivo pela sofrimento e pela grandeza de alma do Príncipe "inflexível" (palavra mais justa que "constante") tão próximo, os olhos transtornados no transe. No Odéon, dobrou-se o número de espectadores, contornando a arena com uma segunda fileira; não era muito bom ser colocado ali, mas a corrente alcançou maravilhosamente também os que lá se encontravam. Cada um sentia a força, a excelência dessa arte atingida por um tão grande ator, Ryszard, consagrado como tal nessa mesma noite. Ignorava-se em Paris onde ocorrera essa revelação, e onde ela certamente foi mais forte, que ele havia chegado a essa arte passo a passo (em cinco anos, o que é pouco, mas com Grotowski os anos contam em dobro) por um trabalho exigente, que demandou todas as energias do ser e mais ainda. Grotowski nunca deixou de lembrar que o grande artista, o mais dotado, é um grande profissional, e, se não tivesse sido assim com Ryszard, ele sem dúvida não conseguiria manter-se no mesmo nível – o que ele fez – no espetáculo seguinte, cuja realização exigiu uma elaboração ainda mais longa.

A primeira apresentação de *Apocalypsis cum Figuris* aconteceu somente em 1968. Também porque a trupe viajava muito, tendo chegado até a América do Sul. Era evidente que Ryszard seria ainda o personagem de primeiro plano. Estava só e confrontado com a hostilidade zombeteira e cruel do grupo; era o inocente da vila, vergonha e brinquedo de sua vizinhança. Se os outros tomavam seus nomes dos Evangelhos, ele não tinha nenhum, era apenas o homem com a bengala branca, o cego que via em espírito mais longe que os outros. Ryszard era perturbador, mais particularmente em seu monólogo final, uma grande lamentação utilizando as palavras de Eliot, que poderiam ser as de Jó. Mas podia-se também ver nele o Cristo meditativo, Cristo agônico (ele assumia em um momento essa postura) que vi frequentemente nos cruzamentos das estradas na Polônia. Não foi apresentada fora da Polônia uma primeira versão em que estavam todos vestidos de branco; era muito bonita, mas estética demais, para o gosto de Grotowski, que tomava pouco a pouco suas distâncias em relação ao teatral. Eles vieram então ao Ocidente todos vestidos o mais simplesmente de jeans ou de saias semelhantes ao que vestiam seus contemporâneos. Os andrajos do inocente tornaram-se negros, apenas subsistiu branca a bengala.

Quando Peter Brook no *Mahabharata* atribuiu a Ryszard o papel do rei cego, foi como a transferência para seu espetáculo do inocente de *Apocalypsis*. A luz de seus grandes olhos estava apagada, o que impressionava então mais vivamente era a expressão desolada da boca.

Depois de ter trabalhado com Grotowski e com Brook, era difícil para Ryszard pensar em trabalhar com qualquer outro. Ele voltou-se para a encenação. A estreia – única, pelo menos na França – foi uma montagem de textos de Dostoiévski (sua obra tinha impregnado a todos do Teatro Laboratório, e o Grande Inquisidor fora utilizado em *Apocalypsis*). Apresentado em uma sala emprestada pelo Théâtre de l'Epée de Bois, foi um espetáculo com jovens atores, bastante misterioso, e sombrio como se tinha tornado Ryszard. Ele veio então falar-me como amigo de suas perspectivas para o futuro, do grupo que iria formar na Grécia. Graças aos projetos, ele mantinha sob controle uma profunda desesperança. Seu rosto estava devastado. Tinha perdido sua força vital, órfão nostálgico de sua pátria perdida, seu Teatro e também sua Polônia. A doença por certo, embora jamais tenha falado dela, estava consumindo-o.

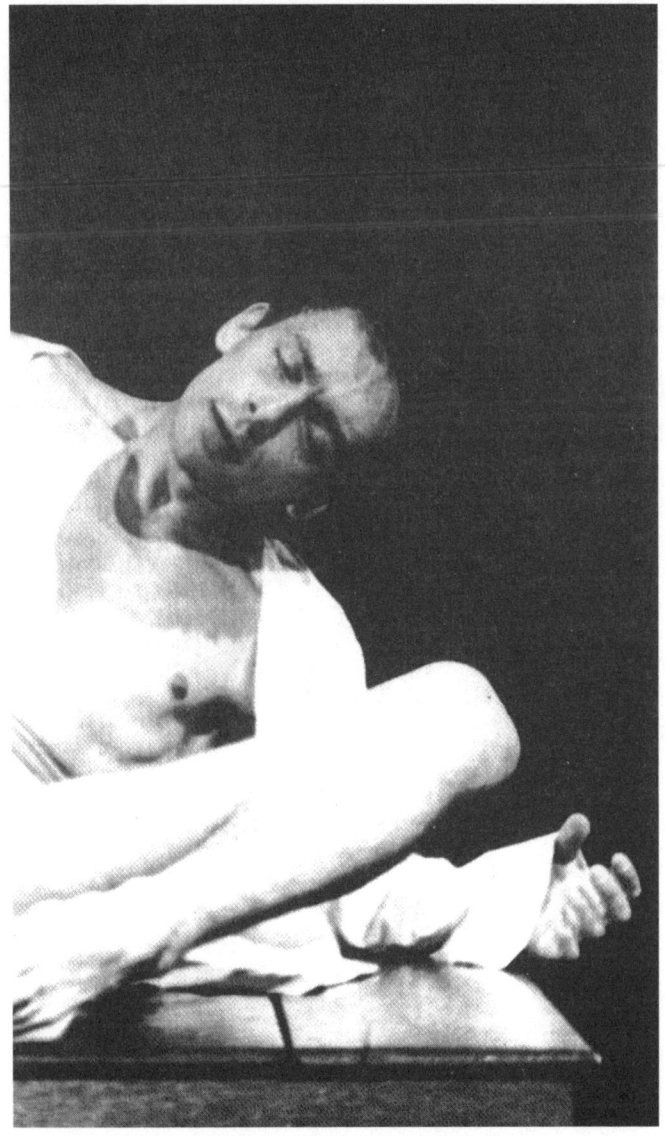

Ryszard Cieslak em *O Príncipe Constante* (detalhe).

## A "Santidade" de Ryszard Cieslak

Margaret Croyden[1]

Pensando em Ryszard Cieslak, lembro-me de uma época em que um novo teatro estava nascendo, um teatro que revelava o que se pode conseguir com a voz e o corpo humanos, um teatro que modificava a visão que se tinha do ator. É o que buscavam Ryszard Cieslak e Jerzy Grotowski. Quando vi pela primeira vez *O Príncipe Constante* em Edimburgo, em 1968, tive imediatamente a sensação de que havia assistido a alguma coisa excepcional que não esqueceria jamais.

Sou agradecida a Cieslak. Ele foi meu guia num ritual espantoso nas florestas polonesas durante o período parateatral de Grotowski. Foi durante essa experiência que Grotowski denominava *Special Project* (de que todos nós participamos), na qual se associavam mitos pagãos às sensibilidades contemporâneas, que vi Cieslak em seu estado natural, como na vida, e não como na cena. Sua beleza, sua energia e sua imaginação em efervescência deram a essas 24 horas na floresta um mistério particular. Somente Cieslak era capaz de suscitar uma tal revelação. Essa noite marcou-me para sempre, pois exigiu de mim uma resposta pessoal que me transformou e me fez compreender que havia outra maneira de abordar a vida.

---

[1] Margaret Croyden é uma jornalista americana. Trabalhou para o *New York Times* e outros jornais. Acompanhou mais particularmente o trabalho de Jerzy Grotowski e de Peter Brook.

Durante essas 24 horas, não somente o ciclo da vida humana era representado de maneira visível, mas o "eu" de cada um era milagrosamente posto a nu. Para alguns, a experiência foi sinônimo de participação em uma paixão que culminava em uma epifania, para outros assemelhava-se a um hino amargo que celebrava um paraíso para sempre perdido, para mim foi um poema dramático ricamente tramado.

Quando penso em Cieslak, lembro-me de Simone Weil, de quem Gustave Thibon, o companheiro de sua vida, dizia que ela "acreditava... que a criação verdadeiramente genial exigia um elevado nível de espiritualidade e que era impossível atingir uma expressão perfeita sem ter atingido uma rigorosa purificação interior... A única coisa que contava para ela era um estilo desprovido de qualquer ornamento, a perfeita expressão da verdade nua da alma".

Ryszard Cieslak, em O *Príncipe Constante,* pareceu-me a perfeita "alma nua", despojada de qualquer ornamento, que se deixava ver por todos, pronta a submeter-se ao completo sacrifício por sua arte. Sua voz e seu corpo, ao realizar a representação do Príncipe mártir, eram uma encarnação do Milagroso. Sua confissão – sua *performance* de ator – era uma manifestação da Beleza sofredora que chegava até o êxtase. Em sua integralidade, percebi seu trabalho como uma surpreendente metáfora da estética e da metafísica de Grotowski.

Cieslak trabalhava utilizando imagens e associação pessoais, nuanças e sugestões, sons e movimentos corporais tão densos que sua arte teatral aproximava-se da poesia. Sua técnica poderia ser comparada, em certo sentido, ao princípio "correlato objetivo" de T. S. Eliot, ou seja, a capacidade de encontrar e de comunicar por meio de um signo, uma palavra, um símbolo, um objeto ou uma situação concreta, um estado interior emotivo. Os impulsos e os movimentos do corpo de Cieslak representavam "o correlato objetivo": seu corpo, quase nu, comunicava, como uma rede telegráfica, o sofrimento experimentado, e sua voz, seguindo uma verdadeira escala musical, comunicava o sofrimento aliviado. Na cena, os movimentos de seu corpo eram postos a nu, cada músculo tremia de pavor, cada ação, da cabeça às pernas, exprimia "o movimento" do sofrimento. E o corpo revelava como esse sofrimento era experimentado e aliviado pelo combate com seus diferentes níveis de resistência. A voz de Cieslak registrava seu sofrimento — em uivos, lamentos e prantos, em assobios, gritos e murmúrios que pareciam nos dar a entender a dor de Édipo, a agonia de Lear, tudo aquilo que os judeus que se aproximavam dos fornos ou os negros nos navios negreiros experimentaram. Enquanto os gritos aumentavam em potência, o Príncipe castigava a si mesmo golpeando-se como para acompanhar esses gritos. Mas a autoflagelação — o sofrimento deliberado — é o primeiro passo para a graça. Lembro-me do rosto de Cieslak nesse momento: era translúcido. Seus olhos perturbados, assombrados, pareciam dirigir-se para um lugar misterioso no interior de si mesmo.

Para alcançar essa "santidade" na arte, Cieslak teve que abandonar sua máscara social e revelar seu "eu" verdadeiro. Ofereceu-se a si mesmo em O Príncipe Constante para desvelar seu "eu" livre de tudo aquilo que os usos e costumes fazem pesar sobre ele na vida corrente. Como em uma missa, ele conseguia reproduzir o próprio traumatismo, por meio de sua carne e de seu sangue. Ele não atuava, assim como não imitava ou fingia, ele conseguia estar em um ato de confissão pública. O caminho que percorreu em sua arte uniu-se à sua busca espiritual.

Essa procura da mestria do corpo exigia de Cieslak um dom máximo, uma coragem e um envolvimento totais. O sacrifício do corpo ao espírito levava Cieslak a uma beleza luminosa que irradiava em público. Assim o espectador era transportado para um outro reino, marcado por essa busca espiritual, ao mesmo tempo que contemplava o comovente combate de um grande ator em cena. Em termos religiosos, para Cieslak, atuar era expiar. Em termos artísticos, demonstrava tudo aquilo que se pode fazer com o corpo e com a voz. Em termos psicológicos, atuar no papel do Príncipe constante era para ele autorrealizar-se. Completar-se em cena.

Para nós fica a personificação de uma arte tornada perfeita por um intenso trabalho, um envolvimento sem equívocos e um gênio inato.

(Texto original traduzido do inglês para
o francês por Jean-Bernard Torrent)

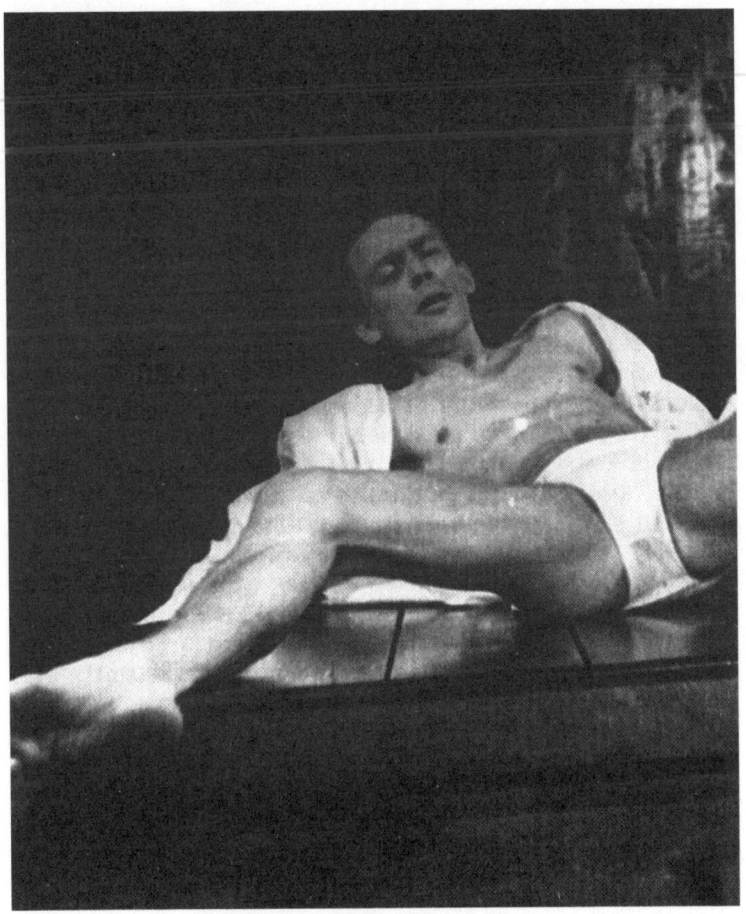

Ryszard Cieslak em *O Príncipe Constante* (detalhe).

# Palavras sobre um Ator

*Jozef Kelera*[1]

Um dos mais magníficos e mais extraordinários atores do século XX morreu, em 15 de junho de 1990, do outro lado do Oceano, na longínqua cidade de Houston. Sua morte não causou em seu país natal quase nenhum eco; podemos concluir que morreu em um momento inoportuno para nós. Viveu 53 anos. Chamava-se Ryszard Cieslak. Era extraordinário e sua arte era magnífica, pois, no caminho que escolheu e naquilo que fazia, tinha chegado aos confins e ao extremo: à completude. E seu drama, se cabe falar em um drama, do qual podemos apenas adivinhar a existência, foi a precocidade dessa completude, realizada muitos anos antes de sua morte. Ele chegou à completude, na verdade, nesse momento da vida no qual a maioria, não somente dos atores, mas dos criadores – eminentes –, está apenas começando a apreender os limites de suas possibilidades.

Foi um protagonista com o grupo de Grotowski e foi com ele que seguiu esse caminho, percorrido por Grotowski antes dos anos 1960. Eles caminharam juntos, e na história do teatro permanecerão indissociáveis daquilo que constitui sua obra comum, embora o curso dos acontecimentos e as guinadas da

---

[1] Jozef Kelera é crítico e teórico do teatro polonês. Leciona na Escola de Teatro de Wroclaw.

história, e sobretudo as consequências das pesquisas culturais e artísticas ulteriores de Grotowski, os tenham separado depois. Ao dizermos, o que é incontestável, que Cieslak deve sua realização a Grotowski, é preciso também admitir, de maneira igualmente incontestável, que essa relação foi bilateral. Se Grotowski, também ele, antes do final dos anos 1960, chegou, no domínio do "teatro de representação", ao limite de suas explorações, foi graças a Cieslak.

Cieslak em *O Príncipe Constante* (1965). Depois Cieslak, o Obscuro de *Apocalypsis cum Figuris* (1968). O rosto magro, magnificamente esculpido. Dois olhos confiantes, concentrados, amigáveis. O corpo flexível do ator, do acrobata, do dervixe. O corpo, espiritualizado na ação e penetrado de luz, irradiando desse lugar original da humanidade. Estendido sobre o estrado, flagelado, tremendo de dor e dos espasmos da oferenda. Descoberto e sem defesa. Suspenso, como que descido da cruz, e arrancando para o voo. Extático e humilde. Foi assim que o percebemos então e tudo isso é atestado, sobretudo pela iconografia de *O Príncipe Constante*, que, entretanto, não diz tudo: não revela o profundo mistério desse ato. Ele nos foi revelado há pouco tempo, depois da morte de Cieslak, pelo próprio Grotowski: um dos segredos desse martírio espantosamente gozoso e luminoso residia na vivência do ator, nessa torrente de impulsos articulados em que era revivida intensamente a esfera íntima da lembrança de uma das experiências mais felizes, mais profundas e mais gozosas da sua existência!

"O corpo-vida", escreveria Grotowski em um de seus textos ulteriores; essa fórmula deve ser utilizada para designar nossa visão da arte do ator Cieslak. Esse "corpo-vida" possuía um dom de irradiação particular. Quem se encontrou com ele guardou-o em sua memória no sentido mais profundo do termo: na própria "memória corporal", sensual e ao mesmo tempo espiritual.

Mas esse dom de irradiação nasceu, na época de que falo, não apenas nas realizações e criações cênicas: "o ato total", já na segunda metade dos anos 1960, ia para além do "teatro de representação" e envolvia, e mesmo penetrava, a atividade do ator em um plano tão elementar quanto o treinamento...

Há dois anos, tive a oportunidade de assistir a um velho filme reencontrado, de péssima qualidade técnica e bem medíocre: *O Treinamento de Cieslak*! Eu o vi em uma tensão crescente, com entusiasmo e a garganta apertada, embora não passasse de um treinamento... Extraordinariamente preciso em todas as ações, ele impregna-se visivelmente, por meio das fases sucessivas do treinamento para o estudo do ator, da irradiação perceptível do "corpo-vida" cujo reflexo ficou gravado mesmo nessa película medíocre e defeituosa...

O ato total, que amadureceu durante alguns anos no trabalho de Grotowski e de todo o grupo do Teatro Laboratório, realizou-se enfim e chegou à sua plenitude por intermédio de Cieslak, ao qual se juntou um pouco mais tarde um pequeno grupo dos seus camaradas. Sabemos hoje com certeza qual foi o caminho dessa primeira realização total e ao mesmo tempo dessa descoberta de um novo aspecto da existência do ator: durante seis meses, Grotowski trabalhou separadamente apenas com Cieslak! Foi somente depois desse tempo de gestação daquilo que era o mais duro e o mais arriscado que ele integrou Cieslak na partitura coletiva do espetáculo em gestação, *O Príncipe Constante*. Temos também a certeza de que é justamente a Cieslak, à sua incubação e ao seu nascimento, do qual Grotowski foi o parteiro, que fazem referência as duas passagens do legendário texto *Em Busca de um Teatro Pobre*, e é nessa perspectiva que devemos relê-las:

Há algo de incomparavelmente íntimo e fecundo no trabalho com o ator entregue a mim. Deve ser atento, confiante e livre porque nosso trabalho é explorar suas possibilidades extremas. Seu crescimento é seguido com observação, estupor e desejo de ajudá-lo; o meu crescimento é projetado sobre ele, ou melhor, *é descoberto nele* – e o nosso crescimento comum torna-se revelação. Isto não é instruir um aluno, mas total abertura a uma outra pessoa na qual se torna possível o fenômeno de um "nascimento duplo ou compartilhado". O ator renasce, não somente como ator, mas como homem – e com ele, eu renasço. É um modo desajeitado de exprimi-lo, mas o que se obtém é a aceitação total de um ser humano por parte de um outro.[2]

O fenômeno particular de nascimento pessoal duplo é possível no trabalho com um ator. O ator nasce então, mais uma vez, não somente no domínio profissional, mas ainda mais como pessoa. Seu nascimento é acompanhado por um "nascimento", sempre renovado, do diretor da ação, que observa e, perdoem-me a expressão, que se aproxima da aceitação total do ser humano.

Hoje lemos essas linhas não mais como pontos cruciais do programa proposto pelo reformador do teatro, mas como uma confissão muito sincera e ao mesmo tempo como um autêntico testemunho desse duplo nascimento renovado de Cieslak e de Grotowski. Esses nascimentos foram, aliás, verificáveis e mensuráveis. Escrevi sobre o papel de Cieslak em *O Príncipe Constante* há

---

[2] *Vers un Théâtre Pauvre*. Lausanne, Ed. L'Age d'homme, la Cité, 1971, p. 24. [Utilizei aqui a edição brasileira: *Em Busca de um Teatro Pobre*. Trad. Aldomar Conrado. Rio de Janeiro, Civilização Brasileira, 1971, p. 11. (N.T.)]

um quarto de século. No final do ensaio intitulado "O Teatro em Estado de Graça", escrevi:

> [...] Os elementos fundamentais da teoria de Grotowski têm na obra desse ator uma forma verificável não segundo as leis da demonstração de um método, mas na fase mais bela da frutificação. E pouco importa o fato de que o ator utiliza magnificamente a voz, que com seu corpo nu esculpa formas móveis com uma expressão concentrada perturbadora, e que ele o faça de maneira magistral; e também o fato de que, nessa união da técnica da voz e da técnica do corpo constituídas em uma unidade, ao longo de monólogos estafantes, ele esteja nessas duas dimensões, corporal e vocal, no limite da acrobacia. Realmente não se trata mais disso. [...] Há nesse personagem, nessa criação do ator, uma espécie de luminosidade psíquica. É difícil definir de outra maneira. Tudo aquilo que é técnico torna-se nesses momentos culminantes desse papel como que penetrado de luz a partir do interior, leve, sem peso; só mais um instante e o ator estará levitando... Ele está em estado de graça. E ao seu redor todo esse teatro cruel, blasfematório e excessivo, transforma-se em um teatro em estado de graça...

Três anos depois, surge em cena a última obra estritamente teatral de Grotowski (no campo do teatro de representação): *Apocalypsis cum Figuris*. O ato total é agora realizado pelo conjunto das sete pessoas da trupe, mas Cieslak continua o protagonista visível. E como em *O Príncipe Constante*, embora com uma outra disposição, Cieslak — e isso é essencial — permanece isolado e em oposição de forma particular a todos os outros personagens. Permanece "puro". Mais do que isso, "cristificado", se a "cristificação" pode – e mesmo deve – ser compreendida como um arquétipo e ao mesmo tempo como a suprema sublimação da humanidade em nossa cultura. Insultado, ridicularizado, rejeitado, a partir de um certo momento, "o Obscuro começa imperceptivelmente a vencer, pela ingenuidade, pela pureza, pela humildade, pela bondade". Essa observação de Constantin Puzyna encontra-se na melhor e mais inteligente descrição já feita do espetáculo *Apocalypsis cum Figuris*, na qual Cieslak é assim descrito:

> Simão vai até um canto e tira da penumbra um personagem que não tínhamos notado até agora: um idiota do vilarejo, apavorado. É o Obscuro (Ryszard Cieslak). Vem recurvado num sobretudo negro, um pouco longo demais, tem os pés nus, na mão uma bengala branca, embora possa ver. O Obscuro significa tão simplesmente: o único com vestimentas escuras, mas também, o confuso, o enigmático, o desconhecido, e também: o cego, que não vê o mundo real, enfim "o obscuro", não compreendendo a vida como as pessoas "sábias", o ingênuo. Ele se opõe aos outros desde da cor até o "interior": tem uma outra escala de valores, o bem e o mal são para ele sensações simples e espontâneas, ele não está "estragado". Talvez seja um "iluminado" do vilarejo e talvez até seja Satã? Cieslak atua, sugere todas essas significações: é um de seus maiores papéis, talvez maior que o precedente, o do Príncipe constante, ainda que aparentemente faça menos efeito.

A essa análise do papel modelo e já clássico (sublinho: Cieslak atua, sugere todas essas significações – ao mesmo tempo!), acrescentemos ainda uma informação dada recentemente a conhecimento público por Grotowski: o nome do personagem – o Obscuro – foi sugerido a Grotowski e a Cieslak por Stanislaw Scierski que, por sua vez, tomou-o do dialeto falado na Alta Silésia; com efeito, na região silesiana, "obscuro" significa "iluminado". Creio que no "ato total" de Cieslak exprimiu-se uma nota essencial de sua personalidade – encontrada, descoberta, desvelada nesse processo de gestação e nesse parto descrito por Grotowski. Uma nota diferente de muitas outras, reconhecíveis ou "fruíveis" cotidianamente, mas decisiva quanto ao caráter maravilhoso e único da arte de Cieslak.

Disse no início que Cieslak, como ator, realizou-se cedo e que talvez existisse nisso um drama oculto. Foi mais longe? Poderia ir mais longe na formação da sua personalidade e na articulação de suas características humanas? Não posso responder a essa pergunta. Certamente ele tinha consciência de sua realização. Dizia de si mesmo – ainda uma informação de Grotowski: "Eu era um garoto de província, absolutamente comum, e me aconteceu tornar-me príncipe!". Príncipe de um ofício... Nesse "ofício", ele chegou ao cume junto com Grotowski... E a realização ficou para trás. Teria uma oportunidade de ultrapassá-la?

Sei que, durante toda a década seguinte – depois de *Apocalypsis cum Figuris* –, ele acompanhou fielmente Grotowski em suas experiências culturais e suas atividades, na busca de uma "cultura ativa". Certamente ele o fez com convicção e mesmo com paixão, como tudo o que fazia; certamente descobriu com Grotowski e o grupo do Teatro Laboratório novos horizontes de ação dramática e novas possibilidades de tecer os laços essenciais entre os homens. Não participou, entretanto, na fase seguinte das explorações culturais de Grotowski, resultado das observações sobre o Teatro das Fontes. Há alguns anos dirigia estágios com atores de diversos países, e ensinava o ofício do qual era o príncipe. Ensinava igualmente como diretor, na Itália, na Espanha, na Dinamarca e na França. Seu último espetáculo – *Ash Wednesday*, cujo roteiro é construído sobre o texto de Gorki *Albergue Noturno*, realizado com um grupo de estudantes do Experimental Theatre Wing de Nova York – era, como afirmam as testemunhas mais competentes, uma obra profundamente tocante. Teria, nessas atividades e nas suas ocupações, conseguido uma realização semelhante à que teve em seu "ato total" de ator? Somente ele poderia responder a essa pergunta, que deve permanecer e permanecerá para sempre sem resposta.

Nos anos 1970, esteve em Paris e colaborou durante alguns anos com a trupe de Peter Brook. No *Mahabharata* – primeiro em sua versão teatral e depois na versão televisiva – interpretou, quase sem texto, o excelente papel do rei cego Dhritarashtra. Tive a oportunidade de assistir à versão televisiva do *Mahabharata* de Brook: e vi um Cieslak-ancião... Um magnífico ancião com uma silhueta ereta, o rosto enrugado, mas sempre maravilhosamente esculpido. Tinha cinquenta e cento e cinquenta anos. Ou talvez quinhentos anos. A calma do saber. E um pouco de amargura. Compreendi, ou pareceu-me assim por alguns instantes, que ele já sabia tudo. Era como a "velha águia" do poema de Eliot com que outrora o Obscuro dizia seu testamento em *Apocalypsis cum Figuris*:

> Pois que não tenho mais a esperança de poder retornar ainda
> Pois que não tenho mais a esperança
> Pois que não tenho mais a esperança de retornar
> Não tento mais lutar por isso
> Por que então uma velha águia estenderia suas asas?
>
> (Texto traduzido originalmente do polonês para
> o francês por Marie-Thérèse Vido-Rzewuska)

Desenho de Serge Ouaknine. Ryszard Cieslak durante o período de preparação do espetáculo *Apocalypsis cum Figuris*.

# O Ator-Estátua

*Georges Banu*

*para Constantin Puzyna*

Cieslak é ator heráldico. É quem marca o brasão desse território do teatro bem delimitado cujo senhor é Grotowski. Será para sempre um símbolo, o de uma busca consumada em conquista, o de um caminho que chegou a seu termo, o de uma realização que termina com o mestre fáustico exclamando enfim: "Instante, para!". E assim imobilizado, o ator torna-se estátua, carne petrificada com o fôlego suspenso. Esse corpo perfeito, não foi a pedra nem o bronze que o fixaram para sempre, mas o brometo de alguns clichês fotográficos. A fotografia reproduzida a seguir guarda a força granítica desse ator arrebatado ao presente.

Uma outra fotografia responde-lhe em eco, a de uma atriz igualmente heráldica, mas assinalando o território oposto, do qual Brecht foi o senhor. Também aqui o instante para. No grito de Weigel que morre sufocado na garganta da mãe órfã de seus filhos.[1] O ator-símbolo acaba como estátua. A postura parece definitiva; diante deles abre-se o horizonte da duração. Horizonte que somente o ator-estátua pode atingir, dizia Craig.

---

[1] Deliberadamente, recusei-me a reler os comentários de Barthes sobre essa fotografia, da qual foi ele o primeiro a salientar a extraordinária carga poética. Se algumas aproximações poderão ser feitas, é porque a memória trabalha e porque a leitura inicial tem ainda algo de inesquecível.

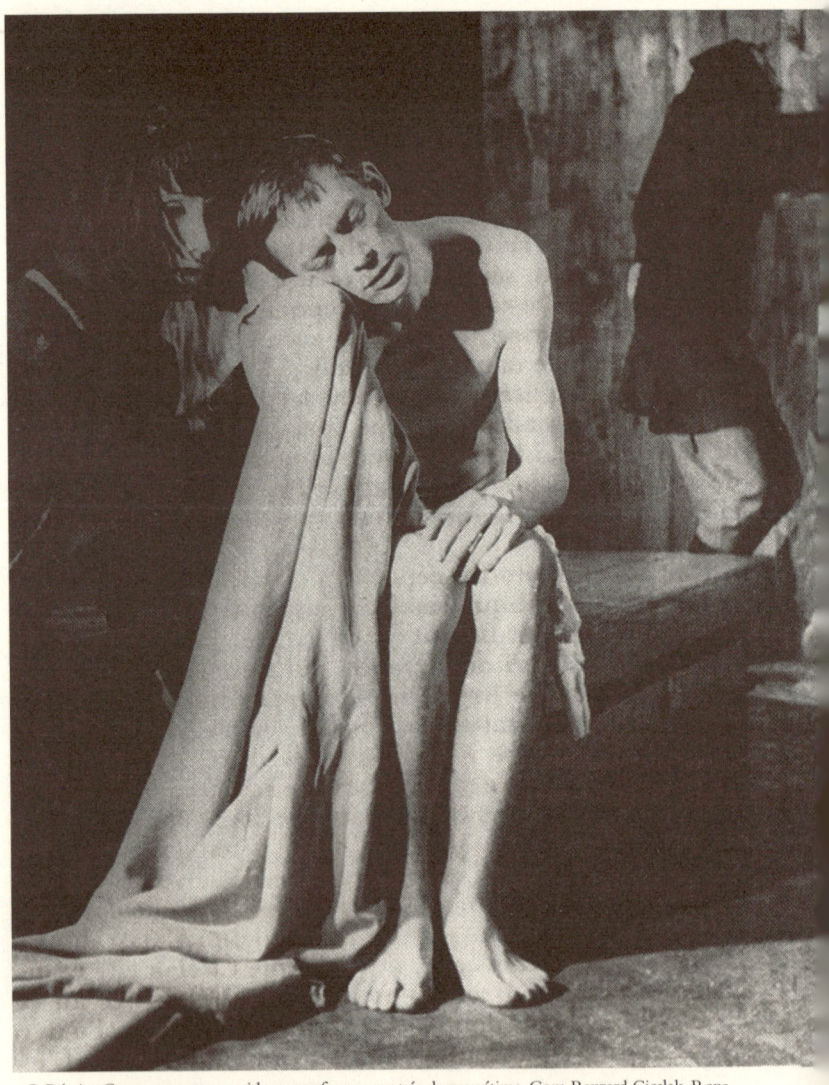

*O Príncipe Constante*: os perseguidores confessam-se atrás de sua vítima. Com Ryszard Cieslak, Rena Mirecka (Feniana) e, ao fundo, à esquerda, Antoni Jaholkowski (o rei), depois Mieczylaw Janowski (Mulei) e Stanislaw Scierski (Henrique).

Helene Weigel em *Mãe Coragem*, texto de Bertolt Brecht e
direção de Erich Engel e Bertolt Brecht, Berliner Ensemble, 1951.

Não é a fotografia que torna um corpo estatuário, pois ela capta somente aquilo que foi pensado, desde o início, como tal. Essas duas fotografias surpreendem o desejo escultural do encenador realizado em cena por seu intérprete preferido. Grotowski inspira-se na atitude de Cristo da qual a Polônia fez sua insígnia, atitude que Cieslak cita e que a fotografia retém. Brecht, para sua Mãe Coragem com o grito estrangulado, parte, certamente, da estátua de Laocoonte, a obra comentada por Lessing em seu famoso estudo. O esteta vê nela a coragem dos gregos de clamar a dor em oposição aos romanos que a censuram: chorar, diz ele, é admitir o sofrimento para melhor renascer. Quando fala do grito de Laocoonte, Lessing torna teatral a escultura essencialmente muda, enquanto Brecht, em contrapartida, quando censura o som e preserva o gestual trágico, torna escultural a reação da Mãe Coragem. Lessing acrescenta o som, Brecht suprime-o e assim passamos de uma arte para outra.

Mas qual seria a distinção do Laocoonte feminino de Brecht e o Cristo Fatigado de Grotowski, entre Weigel e Cieslak? O grito da mulher extingue-se por excesso, por exacerbação da dor. Ela queria urrar, mas não consegue, tem a garganta seca. Perante a avalanche de sons que se anulam reciprocamente, perante sua enxurrada desmedida, uma só boca não basta. Ela não camufla a dor, nada tem de um romano, como diria Lessing, não grita porque está sufocada pela abundância. Ela beira a asfixia.

Em contrapartida, enquanto os assobios dos opressores o cercam, o Príncipe aflito volta-se para si mesmo. Para afastar-se de um mundo que ele aniquila com seu mutismo. Se a Mãe Coragem tinha muito a dizer, o Príncipe, por sua vez, não tem mais nada a dizer. Se o excesso de dor torna a mulher afônica, o exílio dentro de si mesmo interdita ao Príncipe a palavra, o som, o grito mesmo.² Um ponto comum une esses dois corpos fixados na película: ambos estão sentados. Essa posição sentada indica inegavelmente que não se trata nem de um estado fugidio, nem de um estado inaugural. Indica antes uma conclusão, como se a mãe e o príncipe, depois de tantas provações, buscassem um repouso. De maneira alguma vencidos, nem ele nem ela, testemunham apenas um tempo de parada que busca a solidez da madeira como último apoio. É a partir disso que as diferenças se assinalam. Weigel lança um apelo ao mundo inteiro, como se quisesse despertá-lo com esse grito mudo, enquanto suas pernas dobradas recordam a potência de sua ligação com o chão, com a terra de onde tira suas energias. Brecht cultiva essa tensão entre a força do corpo flexionado e o imenso grito mudo.

O corpo de Cieslak, dobrado sobre si mesmo, mostra uma vertical quebrada. O Príncipe não toma o mundo como testemunha, refugia-se em si mesmo, cidadela sitiada prestes a ceder sob a intensidade dos agressores, mas sem ter cedido ainda. Os pés e as pernas que se tocam diminuem ao mínimo a extensão do território ocupado. A continuidade do corpo rompe-se na altura da bacia, pois a partir daí o busto inclina-se ligeiramente. Depois a cabeça pende mais ainda e, como se sabe, essa postura foi constantemente inscrita no repertório figurativo da melancolia. Esse ser que recusa a extensão das superfícies ocupadas, das pernas ou dos braços, afirma seu poder interior pela exiguidade dos espaços assumidos. Se Mãe Coragem exibe ainda o

---

² Este texto tem as marcas de uma discussão polêmica e amistosa com Bonja Sitja sobre *O Príncipe Constante*.

otimismo de um apelo ao mundo, embora inaudível, o Príncipe constante resiste ao mundo graças a esse último refúgio, a esse inexpugnável retiro.

Os corpos estatuários de Weigel e de Cieslak destacam-se sobre um fundo neutro: a tela branca do ciclorama brechtiano ou os tapumes de tábuas do teatro anatômico grotowskiano. Nem a natureza nem o interior veem inscrevê-los em um meio. E essa indeterminação aumenta ainda mais seu valor escultural; assim escapam à história para mergulhar na eternidade da qual a pedra desde sempre fez sua vocação. Desenham-se como duas atitudes, como duas maneiras de estar no mundo. A distinção fica evidente quando comparamos os andrajos da Mãe Coragem, mergulhada na miséria cotidiana de uma história sem perspectiva de salvação, e a nudez do Príncipe, que revela a essência de um ser que a história agride sem conseguir destruir.

Essa oposição entre o grito e o recolhimento, igualmente mudos, exprime teatralmente a oposição entre revolta e ascese. Dois modos de não aceitação do real. O Laocoonte brechtiano e o Cristo grotowskiano. A mãe e o príncipe.

Vinte anos mais tarde, quando já não tínhamos a Weigel, e Cieslak vagava pela Itália sem mestre e sem rumo, uma noite, quando eu saía de um albergue em Santarcangelo, quando olhei para trás eu o vi. Tinha pousado a cabeça embriagada sobre sua mão nodosa, e, então, o homem solitário reencontrava a postura de outrora. A do Príncipe que citava o Cristo Fatigado. Nesse instante preciso, ninguém poderia dizer se o papel tinha esculpido o corpo do ator ou se o Príncipe tinha assim repousado porque o ator carregava já em si essa imagem primordial da Polônia. Uma certeza, entretanto, se impôs: o ator-estátua permanece prisioneiro de um papel. Weigel, da Mãe; Cieslak, do Príncipe.

Um outro príncipe, o de Gérard Philipe, pode ajudar a compreender melhor ainda a força concreta do ator-estátua em relação ao ator em estado de graça. Na célebre foto de Agnès Varda, o príncipe de Homburgo destaca-se sobre a natureza ao fundo; não está isolado, nada lhe falta, tudo fala de sua esperança. A foto surpreende a glória e a leveza em um momento de absoluta felicidade do Príncipe. Aberto, mal tocando o chão, é semelhante a uma chama vertical que por um instante nada quebra nem perturba. Ele crê vencer o mundo, enquanto o outro, o personagem de Calderón, padece o mundo. Dois príncipes, dois atores; um pertence mais à pintura, o outro à escultura. Philipe e Cieslak.

Quando jovem, eu pensava em um ensaio consagrado aos personagens do príncipe a fim de chegar a um modelo de ser a partir de três H: Hamlet, Hipólito e o príncipe de Homburgo. O príncipe parece sempre impedido de chegar à idade adulta, e seu destino é a imaturidade, com tudo aquilo que supõe de intransigência, de recusa de compromissos. O príncipe não sabe quem é, mas, sobretudo, ele se recusa a se tornar o que os outros gostariam que fosse. Seus amores ficam inacabados e suas vitórias, incompletas: o príncipe não tem nada terminado. Mas se sua identidade é incerta, seus combates são cristalinos, embora às vezes, é verdade, completamente desprovidos de estratégia, pois, puro, o príncipe luta em nome de uma ética inata, de uma recusa de qualquer alteração de valores. Não é inteligente no sentido familiar do termo, é intransigente. O príncipe não aceita a desordem do mundo, e quando percebe uma falha, ele se joga e se arruína. Não pode ser nem vitorioso nem vencido, e as forças superiores, o monstro marinho ou a loucura, acabam sempre arrebatando-o, tiram-no do mundo e fazem-no ir para o lado da morte. Nem rei nem mártir, o príncipe é um insubmisso. É essa inaptidão para obedecer àquilo que se apresenta como terminado que o carrega sempre para o lado do desvario. Fingida ou não, a loucura é indissociável do príncipe dinamarquês, bem como do príncipe de Homburgo. E o outro príncipe, o do romance, não o da cena, o príncipe Míchkin, o Idiota, não está sobre o mesmo pico vertiginoso?

Os príncipes constituem, juntos, o sistema do Filho, e nisso a aproximação do Príncipe constante com o Cristo inscreve-se na lógica mesma do modelo geral. Aquela do príncipe que não acede ao poder mas denuncia sempre os seus vícios, o do príncipe isolado por ser portador de um ideal excessivamente alto, o de um príncipe que resiste em vez de combater. E, com frequência, o príncipe fica fatigado, como o Cristo polonês, como o Príncipe de Grotowski.

Grotowski fez de Cieslak o príncipe de seu teatro, pois de um lado ele encarna seu ideal ético a ponto de tornar-se sua cristalização perfeita, e de outro, faz o papel do idiota do vilarejo em *Apocalypsis*, aquele que, semelhante a Míchkin, diz a verdade apesar de si mesmo, aquele que vê sem ver, aquele que tem a verdade em si. Assim, Grotowski reuniu dois lados de um "príncipe" no corpo de um ator que acabou sendo um rei cego. Brook levou a termo o destino real de Cieslak. E mais nada depois disso! E quando ele ficou sozinho, soube morrer dignamente, como um monarca.

Em casa, a estátua do Cristo Fatigado que observo frequentemente nunca me fala do Filho de Deus, mas sempre do Príncipe Constante e do ator perdido de Santarcangelo. Ela é o duplo de Cieslak.

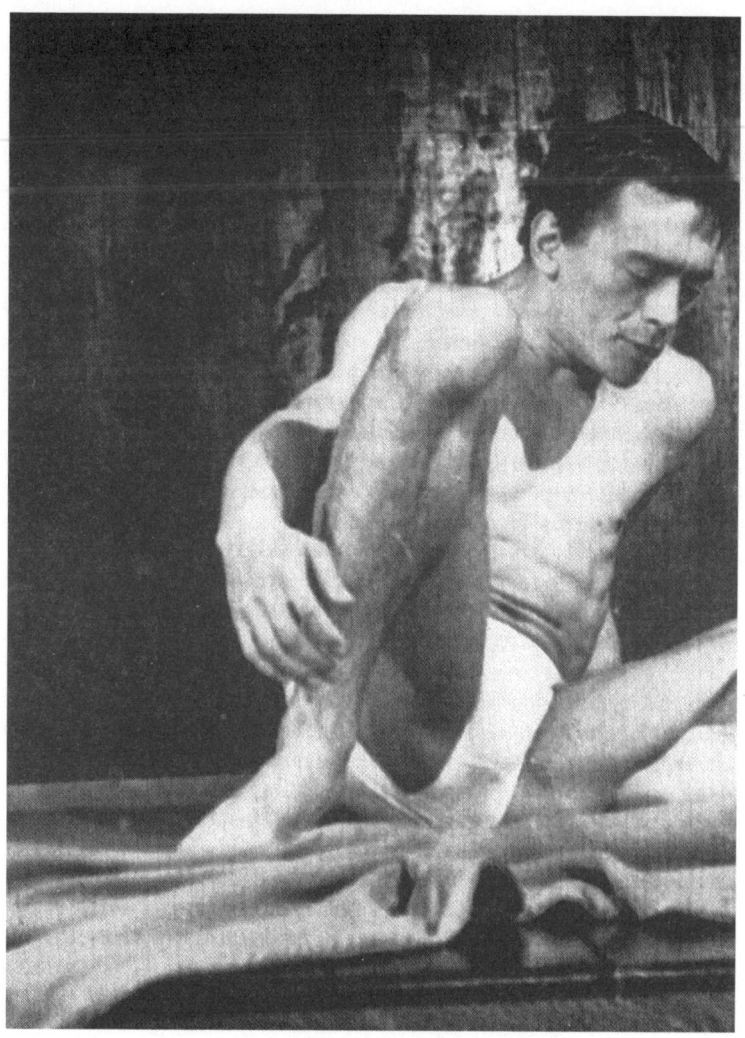

Ryszard Cieslak em *O Príncipe Constante* (detalhe).

# O Obscuro

*Lech Raczak[1]*

Éramos dezenas de jovens, ou, na verdade, apenas alguns, que, de vez em quando, em diversas estações por toda a Polônia entravam nos vagões abarrotados de segunda classe para fugir da monotonia, da mesmice, da futilidade das experiências cotidianas todas iguais, a fim de encontrar uma verdadeira vida, lá, no teatro... De Poznan bastava tomar o rápido das 14h10 para descer em Wroclaw alguns minutos depois das 17 horas. Do enorme saguão da estação, tomando a Rua Swidnicka, em poucos minutos chegava-se à Praça do Mercado. O endereço era fácil. Praça do Mercado-Prefeitura. Até hoje, essas palavras, pronunciadas com diversos tons e sotaques diferentes, representam ainda uma prova de união internacional das pessoas de teatro quando designam as experiências fundamentais de Grotowski. Praça do Mercado-Prefeitura: bem ao lado do café da União dos Criadores, uma sala, não muito grande, primeiro preta, e depois da retirada do reboco, em tijolos. Lá, junto com uma quinzena, uma trintena, e depois, no início dos anos 1970, no meio de cem, duzentos espectadores, nós encontrávamos: Rena Mirecka, Elisabeth Albahaca, Ryszard Cieslak, Zbigniew Cynkutis, Antoni Jaholkowski, Zygmunt Molik, Stanislaw Scierski.

O Teatro Laboratório, legenda dos anos 1960, incontestavelmente a companhia teatral mais criativa dessa época; um

---

[1] Lech Raczak é diretor do Teatro do Oitavo Dia de Poznan.

pequeno grupo de jovens que tinham criado uma nova linguagem e uma nova teoria do teatro. No centro de sua prática criativa, em contradição com a ordem estabelecida que desde meio século preferia o espetáculo e o efeito cênico, se encontrava o ator, homem solitário, que devia ser e era alguém que se oferecia a si mesmo aos espectadores e, ao mesmo tempo, tornava-se sacerdote, introduzindo o segredo do mistério. Uma tal transposição de ênfase, para uns, ridícula, para outros, simplificação blasfematória, provocou, no teatro, uma avalancha de modificações. Não apenas interiores, como a modificação dos métodos de trabalho, a necessidade de ampliar os meios de expressão, mas também mais exteriores e dinâmicas. Antes de tudo, a separação clássica do espaço teatral entre cena e plateia foi abolida, rompeu-se com a encenação da literatura como fundamento do espetáculo, e enfim, o contato, para além das palavras, entre o ator e o espectador tornou-se o principal vetor de significação. Em suma, era uma revolução do teatro, mesmo que seus autores, um pequeno grupo de província, a denominassem apenas um retorno às fontes.

Os espetáculos do Teatro Laboratório foram assistidos praticamente pelo "mundo inteiro". Centenas, e depois milhares de jovens atores frequentaram os ateliês, cursos, estágios, apresentações de trabalhos. Assim, o método elaborado pelo Teatro Laboratório tornou-se hoje um fragmento da tradição teatral mundial. E a ética que diferencia o teatro dos outros ofícios artísticos.

No início do outono de 1967, embarquei pela primeira vez no rápido das 14h10 para ir à sala teatral do edifício da prefeitura de Wroclaw. Não sabia que esse dia decidiria minha vida no teatro, que me permitiria compreender o sentido mais humano da arte.

Desenho de Serge Ouaknine. Improvisação para a preparação do espetáculo *Apocalypsis cum Figuris*.

O Teatro Laboratório apresentava justamente *O Príncipe Constante*, baseado em Calderón-Slowacki... Entre alguns homens de coturnos, culotes e togas de juiz, um homem seminu, humilhado e aprisionado, torturado e possuído, desonrado e seduzido, do fundo da miséria humana dizia "não" ao mundo que tentava extorquir-lhe a confissão de que era, de que poderia ser, como todos, pequeno, razoável, zeloso da própria saúde, de sua posição e de seu poder, e de que cada um era apenas a imagem ou o reflexo de todos os outros. "Isto não cabe a mim, mas a Deus", respondia Cieslak-Príncipe constante, e não havia nisso nenhuma retórica nem sombra de jogo teatral. Ele era humano e desamparado. Inconsciente e santo. Nessa sala preta, não muito grande, perto do café da União Socialista dos Criadores, por trás da técnica do ator conjugada à humildade humana e à coragem de mostrar a desonra e a fraqueza, surgia a mais profunda verdade do homem. Sem violência física, pelo simples dom do ator ao público, realizava-se aquilo que, muitos anos antes, um visionário exigia das pessoas de teatro: "[...] Ser como os supliciados que são queimados e que fazem sinais de dentro das fogueiras".[2]

Mais tarde, ia a Wroclaw nesse mesmo trem, com os companheiros do grupo do Oitavo Dia, mais jovens que eu. Éramos revoltados, insurgidos contra as estruturas sociais, contra o poder e as Igrejas humanas; não tentávamos descobrir o que, nas paixões e esperanças imemoriais do ser humano, era constante e invariável, mas oprimido pelo espartilho das civilizações. Queríamos extrair de nós mesmos, compreender, exprimir aquilo que é efêmero, atual, tão ardente e tão apaixonado, aquilo que não pode atravessar a couraça das estruturas sociais instaladas pelo sistema político: a necessidade de liberdade. Desconfiados, revoltados contra todos os teatros, íamos, entretanto, até lá para viver a história mutilada da "segunda vinda", dançada, cantada, blasfematória, contada em *Apocalypsis cum Figuris*; para olhar nos olhos cegos de Cieslak-Obscuro, o simplório, o cego, o louco, que se encarnava Deus e vinha ao mundo para salvá-lo.

Esbugalhados a ponto de doer, os grandes olhos do Obscuro, os olhos que não percebiam o desprezo, a hostilidade, a zombaria, a mesquinharia daqueles que o rodeavam, as mãos estendidas tensas atravessando a obscuridade e a resistência da parede:

> Depois de tal saber, qual perdão?
> Pensa que a história tem muitos caminhos ocultos,
> Muitos umbrais e corredores secretos
> Que ela nos engana com o murmúrio da ambição,
> Ela nos seduz pela vaidade,
> Dá muito tarde aquilo em que não mais acreditamos.

---

[2] Antonin Artaud, prefácio a *O Teatro e seu Duplo*.

Quando, anos depois, reencontramo-nos em Paris, trocamos apenas algumas frases banais. Depois fui ver o espetáculo em que ele atuava. E o mundo do *Mahabharata* tomou conta de mim. Cieslak aparecia em cena bem tarde. E novamente vi aqueles mesmos olhos de cego, com aquele mesmo olhar para o vazio. "Quantos anos pode alguém espreitar assim o outro lado das trevas?" A exclamação escapou de meu próprio pensamento impaciente. E lembrei-me de novo do fragmento de Eliot, com o qual o Obscuro justifica-se em *Apocalypsis*:

> O belo, eu o perdi no pavor, o pavor na busca.
> Minha paixão desapareceu, por que eu deveria protegê-la
> Se tudo que é nosso deve ser corrompido?
> Perdi a visão e o tato, a audição, o paladar, o olfato.
> Como poderia então utilizá-los para me aproximar de ti?

O câncer matou Antoni Jaholkowski; Stanislaw Scierski decidiu por si mesmo abandonar o mundo; Zbigniew Cynkutis foi-se em um acidente de carro. Alguns dias atrás, lemos uma curta nota sem título, no final de uma página de jornal: no dia 15 de junho morreu em Houston Ryszard Cieslak, ator...

E agora sei que nas trevas, através de uma camada de areia, na obscuridade do céu, os grandes olhos cegos do Obscuro olharão para sempre assim, esbugalhados a ponto de doer, opacos por causa das lágrimas.

E sua lamentação continua:

> *Ierusale, Ierusale*
> *Convertere ad Dominum*
> *Deum Tuum.*

(Texto traduzido originalmente do polonês para o francês por Marie-Thérèse Vido-Rzewuska)

Ryszard Cieslak em *O Príncipe Constante* (detalhe).

# Morte de um Grande "Príncipe"

*Jean-Pierre Thibaudat*[1]

Ryszard Cieslak, o ator de Jerzy Grotowski, faleceu em Houston na sexta-feira. Ele, que tinha encarnado o Príncipe constante, espetáculo farol do encenador polonês, também foi o Dhritarashtra do *Mahabharata* de Peter Brook.

Em 18 de junho de 1966, numa noite quente, em sua décima temporada, o Teatro das Nações tinha convidado a vir a Paris uma trupe provinda da Polônia, dirigida por um sujeito de óculos ainda não muito gordo, mas já avolumado, e formada por atores geralmente magros à imagem daquele que fazia o papel principal no espetáculo, *O Príncipe Constante*. O não muito gordo era Grotowski; o já magro, Ryszard Cieslak. O grupo iria pôr a nocaute, ou pelo menos de joelhos, aqueles (não muitos: o número de espectadores era limitado) que se assentaram por trás das paliçadas postas na sala e, na continuidade, desestabilizaria a vida teatral do final dos anos 1960.

Vinte e quatro anos depois, quase no mesmo dia de junho, chega-nos a notícia: Ryszard Cieslak morreu sexta-feira, em um hospital em Houston, bruscamente exterminado por um câncer de pulmão.

Homem de poucos espetáculos, Cieslak foi o ator, em todos os sentidos do termo, de Jerzy Grotowski, jamais seu discípulo

---

[1] Jean-Pierre Thibaudat é escritor e repórter do jornal *Libération*.

beato ou parasita. Tinha abandonado seu mestre e amigo permanecendo-lhe, entretanto, fiel; nesses últimos anos, tinha se reunido à equipe de Peter Brook para a grande aventura do *Mahabharata*, da qual deveria participar do início ao fim, incluindo o filme. Nessas últimas semanas, dirigiu um *workshop* na Universidade de Nova York, reunindo alunos provenientes do mundo inteiro para escutar, ouvir aquele com quem um dia sonharam vendo as estupendas fotos em preto e branco de *O Príncipe Constante*, únicos vestígios de um espetáculo farol do pós-guerra, à exceção de um vídeo pirata. Um príncipe, portanto, está morto. Um grande.

"Exijo do ator um certo ato que inclui em si uma atitude perante o mundo" – dizia Grotowski –

> Em uma só reação, o ator tem que sucessivamente descobrir todos os estratos de sua personalidade, começando pelo estrato biológico e instintivo, para chegar, passando pelo pensamento e pela consciência, a um ápice difícil de definir no qual tudo converge em um todo: este é o ato de revelação total, de abandono, de sinceridade que ultrapassa todas as barreiras comuns e que contém em si tanto o eros quanto a *caritas*. Eu o denomino ato total.

Cieslak foi o ator total desse teatro.

Em Opole (em 1959) e depois em Wroclaw (a partir de 1965), Ryszard fez parte do núcleo restrito que rodeava Jerzy Grotowski, o qual, com seu Teatro Laboratório, empurrou para trincheiras mais elevadas a arte do ator, longe das esferas oficiais de Varsóvia, longe do mundo antes de percorrê-lo em turnê. No Instituto de Pesquisa dos Métodos de Atuação de Wroclaw, o espetáculo não era um objetivo, mas um meio para a pesquisa, o sucesso viria logo inverter essa regra e determinar, indiretamente, a morte da aventura.

Para seu primeiro espetáculo em Wroclaw, Grotowski escolheu *O Príncipe Constante* de Slowacki (a partir de Calderón). Cieslak é o Príncipe, vestido com uma camisa branca. Em pé, atrás das paliçadas, os espectadores observam os atores "como estudantes de medicina acompanham uma cirurgia", disse Grotowski. Em um monólogo, o príncipe Cieslak tira a camisa e, ajoelhado sobre um pequeno estrado, a pélvis envolta por um pano branco, mostra como nunca o que é a arte do ator, considerada como uma experiência de humildade de ser e de parecer, digamos. São as fotos desse monólogo que encarnam para sempre o ator segundo Grotowski.

Tudo que poderia parecer dogmático, teoricista (como se dizia na época) ou nebuloso (como se diz ainda hoje) nos propósitos do método assumidos pelo mestre "Grot" tornava-se, por meio de Cieslak (mais que de qualquer outro), uma palpável e imediata evidência.

Apresentado até 1970 (a última apresentação foi em Berlim Ocidental), *O Príncipe Constante* correu o mundo inteiro. Assim como o espetáculo seguinte, *Apocalypsis cum Figuris*, escrito e encenado por Jerzy Grotowski com a colaboração de Cieslak. Em 1969, o Teatro Laboratório mostra seus espetáculos nos Estados Unidos. O *New York Times* publica uma carta aberta a Grotowski, de uma grande crítica americana: "Lá pelo meio da apresentação, sofri como que uma vertigem. Veio-me subitamente, do nada, como se diz, uma ideia que me permitiu compreender-me melhor, a mim mesma e a minha vida privada". Às quais fazem eco, do outro lado do espelho, essas palavras de Cieslak:

Acho que o mais importante eram e são sempre as buscas para saber como ultrapassar ou abandonar em *Apocalypsis* aquilo que há de sombrio para ir em direção à claridade e ver, sentir a PRESENÇA próxima, direta das pessoas em torno de nós, o que permite que aconteça o mais importante (que não é traduzível em palavras) e o que se produz de uma maneira sincera entre o homem-ainda-um-pouco-espectador e o homem-ainda-um-pouco-ator.

Quando Grotowski afastou-se do teatro representado e começou o *Special Project*, Cieslak estava ao seu lado. Depois, retirou-se nas pontas dos pés. A discrição era uma das delicadezas desse ator incandescente.

Em *Apocalypsis*, Ryszard Cieslak fazia o papel de um cego. Ao longo dos ensaios, ele trocou a bengala branca por uma bengala comum de madeira. Passaram-se os anos. Reencontramos Cieslak no *Mahabharata*. Fazia Dhritarashtra, o rei cego, sem bengala, sem nada, simplesmente com um ombro em que se apoiar. Para quem conhece a importância que Peter Brook atribui ao trabalho passado e presente de Grotowski, não há nada de casual nisso, mas como que um piscadela de olhos amigável de uma filiação. Da qual Ryszard Cieslak foi uma vez mais o mensageiro, o luminoso canal, o retrato.

*Libération*, 19 de junho de 1990.

Ryszard Cieslak (Dhritarashtra) em *Mahabharata*, espetáculo de Peter Brook.

# Testemunhos

*Peter Brook*

I

Em Paris, eu esperava-o no Bouffes du Nord.[1] Quando chega, notamos que bebeu um pouco. Aproxima-se. Tomo-o nos braços, ele me toma nos seus. Era um gesto caro a Ryszard, repetido muitas vezes, o último gesto de que me lembro do nosso último encontro, em Nova York. Para ele era natural, essencial mesmo apertar você em seus braços, pois tinha uma ternura profunda que procurava exprimir dessa maneira. Uma vez que nos abraçávamos, e ele sorria com um sorriso imprevisto, um sorriso radiante de criança.

Vimos aqui as imagens da época em que, graças a um corpo magnífico, extraordinariamente dominado, Ryszard realizava em *O Príncipe Constante* a expressão de um sofrimento que ultrapassava de longe o próprio sofrimento e acedia àquilo que Grotowski denomina martírio. Sentíamos, então, que ele testemunhava em nome de toda uma série de mártires. Ouvimos aqui que foi comparado a Van Gogh, comparação estranha e inesperada para um ator, mas compreensível se notarmos até que ponto ele pagou e aceitou ser dilacerado para poder abandonar-se inteiramente à sua criação. Uma vez ultrapassada essa etapa dolorosa de trabalho, descobriu-se em Ryszard um ser animado por uma formidável

---

[1] Transcrição da intervenção de Peter Brook na sessão consagrada a Ryszard Cieslak, em 9 de dezembro de 1990, no evento "Segredo do Ator", organizado pela Academia Experimental dos Teatros, no Théâtre de l'Odéon-Théâtre de l'Europe.

energia que o levava a saltar para um outro mundo, feliz. Por isso víamos Ryszard como um personagem extraordinariamente trágico, mas não carregado de um trágico pesado, o trágico que nos separa, esse trágico que amedronta quando encontramos alguém que se ergue diante de nós como um monumento de sofrimento. Não, justamente o contrário, pois Ryszard, que era às vezes muito só, fechado, isolado, provocou naqueles que trabalharam com ele, nos seus companheiros, um sentimento de afeição. Esse homem magnífico, talentoso, perdido, nós o amamos profundamente.

Veremos agora algumas imagens do *Mahabharata* no palco e do *Mahabharata* na tela. Elas mostram que dessa vez Ryszard pôs a serviço da epopeia indiana um outro aspecto de seu trabalho de ator. No trabalho sobre *O Príncipe Constante* tudo partia de um ponto secreto, oculto, misterioso, e desconhecido, ligado a um momento de sua vida de adolescente; é isso que lhe permitia encontrar e abrir a porta para essa experiência única e excepcional que foi sua criação do *Príncipe*. Em seu último trabalho no *Mahabharata*, eu tinha a impressão de que nutria o personagem do rei cego com toda sua história, que não se tratava apenas de um momento de sua vida, um segundo preciso, mas de tudo aquilo que viveu. Esse vivido, ele o colocava a serviço da história, e ao mesmo tempo, Ryszard, com força, desespero e pureza, ocultava sutilmente todos os meios técnicos que tinha adquirido mediante um trabalho duro e rigoroso.

II

Cada um tinha recebido a instrução rigorosa de deixar do lado de fora tudo que possuía, roupas, sapatos, pacotes e jornais.[2] Em

---

[2] Alocução feita em Nova York por ocasião da cerimônia fúnebre em homenagem a Ryszard Cieslak.

seguida, não sem apreensão, os atores entraram um após outro naquela sala de uma morna nudez que tinha sido alugada em uma igreja de Londres para uma semana de um excepcional treinamento. Sentado em uma cadeira, de lado, um jovem com um terno escuro e óculos escuros, em uma atitude de expectativa imperturbável. No centro da sala, um outro jovem, praticamente nu, com o corpo perfeitamente definido, em um estado de serena tranquilidade, voltado para si mesmo, embora permanecendo em prontidão, como à espera de um sinal. Então ele se pôs em movimento para encadear sem esforço aparente uma série de posições de extrema dificuldade; sentíamos seu corpo vibrar de energias sob controle absoluto, sua concentração elevar-se de seus sonhos mais recônditos, mais secretos, atravessar cada um de seus músculos em exercício, aflorar sob sua pele, e depois, sem jamais ser dissipada, retornar à sua origem.

Essa é a imagem que guardo sempre de Ryszard, do Ryszard que Grotowski tinha levado até nós da Royal Shakespeare Company, na metade dos anos 1960, para participar no treinamento de uma parte de nossos atores.

Ryszard Cieslak (Dhritarashtra) com Hélène Patot (Gandhari) em *Mahabharata*, 1985.

Para ouvidos ingleses, era sempre de uma agradável comicidade ouvir Grotowski dar-lhe o nome de instrutor e incitar os atores a tentar o impossível, quer dizer, a fazer o que fazia o instrutor, como ele o fazia. Mas era um instrutor muito humano: Ryszard vinha sempre em auxílio dos que encontravam dificuldades, com uma gentileza e um humor que sabia aliar ao rigor de que jamais se afastava. Em um sentido, Grotowski era o mestre, mas Ryszard era mais que um aluno: era a criação do mestre. Em outro sentido, parecia claro que Ryszard era também um mestre, pois era ele que realizava, que encontrava os meios criadores de cumprir o ideal de Grotowski.

Depois disso, as imagens que tenho na memória são as de Ryszard ator, imagens que compartilhamos todos, a começar pelas de *O Príncipe Constante*, em que o corpo, em sua palidez, desafia a obscuridade em torno e faz convergir para si, girar em torno de si toda a ação. Anos mais tarde, na Brooklyn Academy of Music (em Nova York), o grupo de Grotowski veio passar uma longa tarde com nosso grupo internacional. Fizemos juntos música e exercícios físicos. Pouco importam os detalhes, a maioria caídos no esquecimento. Mas o que permaneceu é a impressão de um novo Ryszard, que não era mais o foco central da atividade, mas tornava-se invisível em sua visibilidade mesma, ia de um ator a outro ou contentava-se em observar o conjunto com traços de uma atenção toda benevolente, sinal de que percebia em torno os obstáculos interiores e as necessidades inexpressas do outro.

Não me surpreendi, portanto, quando soube depois que tinha se lançado em outra carreira, em que era menos ator que professor, e em que o próprio devotamento suscitava um devotamento semelhante naqueles que trabalhavam com ele.

Depois, no *Mahabharata*, foi com uma imagem ainda diferente que Ryszard retornou à cena. Com o tempo, o Príncipe

Constante tornara-se o rei cego. Reencontrávamos no ator as mesmas qualidades extraordinárias, essa aptidão intacta fruto de longos anos de trabalho, para comunicar a todas as fibras de seu corpo a intensidade e a paixão de sua vida interior. Entretanto, havia no personagem de Dhritarashtra aspectos de caráter muito próximos de sua verdade pessoal: era, como ele, um homem poderoso com sentimentos profundos e generosos, que se esforçava por abrir um caminho nas trevas. É que, de fato, Ryszard já estava em uma viagem que deveria conduzi-lo à destruição de si mesmo, empreendimento totalmente contraditório com sua irradiação natural, mas expressão não menos inevitável de alguma realidade demoníaca e oculta em sua alma, que a nenhum de nós foi permitido analisar, julgar, nem compreender. Era muito querido por seus companheiros, os atores das versões inglesa e francesa do *Mahabharata*, os colaboradores do espetáculo, os técnicos, todos que o conheciam e trabalhavam com ele. Era objeto de uma grande admiração, de um respeito profundo, e estamos hoje aqui para chorar juntos seu desaparecimento. Ele era príncipe, herói inesquecível, mas foi um papel trágico que a vida destinou-lhe.

Bastará apenas uma, uma só fotografia de Ryszard para fornecer um modelo aos jovens atores ao longo de numerosas gerações futuras.

Que me seja permitido terminar esta mensagem com uma palavra sobre os vivos. A notícia dramática da doença de que sofria Ryszard perturbou e entristeceu todos que o conheciam, tanto em Nova York como em Paris, e seus colegas mais próximos tiveram imediatamente a generosidade de oferecer ajuda para suportar sua carga. Não poderia falar aqui de sua amiga Pari, que mal conheci, mas devo salientar a coragem com que assistiu Ryszard ao longo de todas essas últimas semanas. Queria, entretanto, pedir a Margaret Croyden a permissão para evocar o amor fiel que dedicou a Ryszard durante anos, bem como a qualidade absolutamente excepcional do empenho humano que demonstrou um conhecido distante de Ryszard, Steve Benedict, que acabou por tornar-se um aliado próximo e que lhe prestou um apoio moral extraordinário quando foi necessário. Todos que estão hoje aqui reunidos reconhecerão, eu acho, esta velha verdade: as qualidades essenciais de um homem refletem-se em seus amigos, e por meio deles devem um dia ser perpetuadas.

(Tradução do original inglês para o francês de Frédéric Maurin)

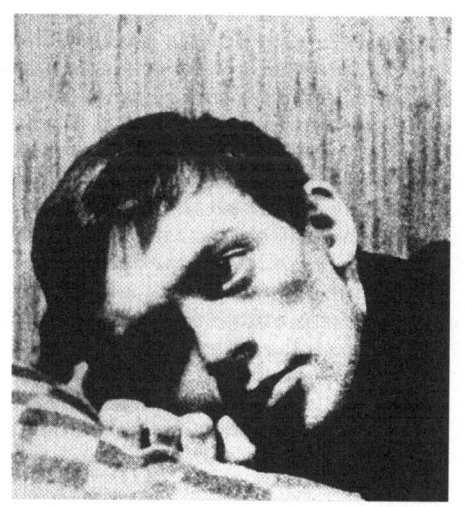

Ryszard Cieslak, 1961.

# Corro para Tocar o Horizonte

A ÚLTIMA ENTREVISTA DE RYSZARD CIESLAK COM MARZENA TORZECKA[1]

*Você trabalha atualmente na preparação de jovens atores em um curso de teatro experimental da Universidade de Nova York. O que pretende ensinar?*

**RYSZARD CIESLAK** – Antes de tudo: como ser autêntico em cena. Eu tento passar para eles o princípio que me foi transmitido por Grotowski: "Representamos tanto na vida que para fazer teatro bastaria deixar de representar". Uma outra coisa muito importante, que é preciso compreender, é que o ator deve se concentrar no próprio corpo. O instrumento do ator não é a palavra nem a voz, mas seu corpo inteiro. Pode ser que o teatro seja uma combinação de todas as artes – música, dança, pintura, literatura –, mas ele é antes de tudo uma arte visual em movimento. Enquanto o ator tiver problemas elementares com seu corpo, ele está limitado. Assim como o músico que tem que fazer seus dedos trabalharem diariamente, o ator também deve fazer seu corpo trabalhar, até libertar-se dele a ponto de dominá-lo completamente.

---

[1] Esta entrevista foi publicada no número de 2 de maio de 1990 do suplemento literário do jornal americano em língua polonesa *Nowy Dziennik*, com o título "Corro para Tocar o Horizonte". R. Cieslak foi entrevistado por Marzena Torzecka. A entrevista acontece por ocasião da apresentação do filme de Peter Brook, *Mahabharata*, em Los Angeles e em outras cidades americanas em maio e junho de 1990.

*Como aconteceu seu primeiro encontro com Peter Brook?*

**RC** – Encontrei Peter Brook pela primeira vez em 1967, quando ele trabalhava no espetáculo sobre a guerra do Vietnã intitulado *U.S.* Convidou a mim e a Grotowski para irmos a seu laboratório teatral em Londres, porque durante seu trabalho tinha-se confrontado com o problema de mostrar um monge vietnamita que se imola com fogo, para protestar contra a escravização de seu país. Brook lembrara-se de mim em *O Príncipe Constante*: segundo ele, eu me consumia em cena diante dos olhos dos espectadores, embora não houvesse fogo algum.

*Por que participou do* Mahabharata? *Nessa época você havia deixado de ser ator e trabalhava sobretudo com a direção.*

**RC** – Durante muitos anos, não tive mais contato com Brook. De repente, recebi um telegrama que me convidava para ir a Paris. E foi somente em Paris que fiquei sabendo que se tratava do *Mahabharata*. Brook perguntou-me se estava disposto a participar do espetáculo. Precisava de um tempo para refletir, pois nesse momento estava trabalhando na direção de meu espetáculo na Espanha. Pedi a Brook seis meses para responder-lhe, e ele aceitou.

*Foi-lhe proposto um papel específico? Pergunto isso porque Andrzej Seweryn não sabia, quase até o último momento, que personagem deveria interpretar. Mesmo durante os ensaios da versão francesa do espetáculo, a primeira versão, durante muito tempo não soube, com certeza, qual personagem deveria interpretar. É uma maneira de trabalhar com os atores que, para Brook, é quase uma regra.*

**RC** – Acho que, desde o início, Brook me via como Dhritarashtra. Apesar disso, durante os ensaios, esse personagem parecia não me convir. Tive que lutar para apropriar-me desse papel.

Tinham me dado quatro folhas datilografadas. O espetáculo durava nove horas. Comecei então minhas pesquisas sobre o papel e mais precisamente sobre o que significa ter nascido cego. Para tanto, fui a um centro para deficientes visuais, em Versailles, e fiquei lá mais de uma semana, aprendendo, observando, tentando compreender as pessoas privadas da visão. Vou contar-lhe uma história, para lhe mostrar como fiquei impregnado desse estado de cegueira. Passei muito tempo na companhia de uma mulher de certa idade, deficiente visual de nascença. Durante uma de nossas conversas, perguntei-lhe o que acontece a um deficiente visual quando sonha. "Em nossos sonhos vemos imagens. Mas você, com o que sonha, se jamais viu cores e formas?" A senhora começou a rir: "Como assim, com o quê? Com vozes!".

*Que teatro polonês evoca mais o teatro de Brook?*
**RC** – Pela dimensão, o teatro de Konrad Swinarski.

*Andrzej Seweryn comparou o teatro de Brook com o teatro universitário polonês.*
**RC** – Andrzej referia-se à técnica de trabalho, eu falo do efeito. Evidentemente, não se trata aqui de uma técnica de trabalho amador, que com freguência é associada ao teatro universitário. Aqui, trata-se da paixão de criar. Brook tem uma paixão incrível. Durante o trabalho do *Mahabharata*, ele sofreu uma séria intervenção cirúrgica. Entretanto, de volta ao trabalho, não me lembro de vê-lo sentar-se uma só vez, e os ensaios duravam horas e horas. Os atores trocavam-se, entravam, saíam e ele em pé durante o tempo todo, ele velava. A arte, em geral, é uma espécie de batalha. No caso do escritor, é uma batalha com a caneta. O pintor luta com o pincel e a tela. Mas em cena, minha batalha foi com ele. É um diretor

difícil, e eu sou um ator difícil, por isso foi tão interessante. Se as pessoas se comunicam em uma linguagem fácil, surge o consenso; se ela é difícil, a arte aparece.

*É verdade que Peter Brook procurou atores "difíceis"?*
**RC** – Sim, seguramente. Mas ele procurou sobretudo pessoas bem específicas. Uma vez, alguém nos chamou "o zoológico de Peter Brook". Se era isso, era um zoológico verdadeiramente belo.

*Assistindo ao Mahabharata na Brooklyn Academy of Music, ao longo de nove horas, perguntei-me como os atores conseguiam resistir ao cansaço dessas sessões extenuantes. Vocês atuaram durante horas e horas e quase todo dia.*
**RC** – Mas você deve saber que eu tinha, por trás, o treinamento parateatral. Foi um período em que trabalhei primeiro com Grotowski e depois sozinho, em países diferentes, sem espectadores, mas somente com coparticipantes. Durante dois dias e duas noites, trabalhávamos sem pausa, sem dormir. Fazíamos uma espécie de itinerário comum, com um ou vários líderes. Além disso, o fato de estar em cena ou de criar está relacionado a uma tensão particular que permite esquecer o cansaço. Uma espécie de transe, um estado particular da consciência que transporta o ator a um outro nível de energia. Depois do espetáculo, sim, você pode sentir-se completamente esvaziado, esgotado. Mas durante o espetáculo, você não pensa nisso.

*Poderia explicar o que lhe trouxe o trabalho com Grotowski e o trabalho com Brook? É possível fazer uma comparação?*
**RC** – Grotowski me fez nascer como ator. Quando fui trabalhar com ele, depois da escola de teatro, não era nada maduro.

Quando criança (lembre-se, por favor, de que eu fui uma criança durante a guerra), eu era incrivelmente fechado. O trabalho com Grotowski foi além da aprendizagem do teatro. Foi ele que, lentamente, me abriu, como se abre uma ostra. Era como uma estada em uma ilha. Eu estava sereno e, ao mesmo tempo, de alguma forma, ao abrigo, isolado de tudo que existia em volta. Quando fui trabalhar com Brook, já era um ator formado. Ator e homem.

*Você conhece Grotowski há muitos anos. Há algum tempo, ouvimos dizer que o criador do Teatro Laboratório está em crise em relação à criação. Alguns afirmam mesmo que ele estaria desequilibrado.*

RC − Eu acho que, hoje, Grotowski trabalha muito mais do que antes. Será que Bohr, na Dinamarca, ou Jung, na Suíça, não faziam nada durante o período em que os resultados de seus trabalhos não eram ainda comunicáveis? Grotowski não faz *show--business*, algo que faz barulho e que é visível a olho nu. Trabalha sobretudo para si e para um número restrito de pessoas. Mas o que ele faz irradia longe. Hoje, suas pesquisas são muito mais profundas, muito mais perspicazes do que foram antes.

*Se, por acaso, Grotowski ou Brook tivessem começado seu trabalho nos Estados Unidos, você acha que teriam chegado a resultados da mesma qualidade?*

RC − Certamente não. O começo difícil foi, para nós, uma das coisas mais importantes. O Teatro das Treze Fileiras, em Opole, e depois o Teatro Laboratório, em Wroclaw, quase foram fechados uma dezena de vezes. Vinham comissões para ver o que estávamos fazendo. Não tínhamos público. Às vezes, o espetáculo acontecia diante de uma plateia vazia. Entretanto, esse período em que éramos pioneiros foi o mais importante, o que nos deu recursos para o que se seguiria. Se Van Gogh, por exemplo, em vez de trabalhar num sótão, tivesse começado sua atividade em um ateliê bem equipado de Manhattan, será que teria sido, verdadeiramente, o mesmo Van Gogh? Muitos foram os que passaram pelo teatro de Grotowski. Vários foram embora. Eu mesmo estive a ponto de abandoná-lo três vezes. Agora, quando repenso nesses períodos de afastamento, vejo-os como alguma coisa de infantil, como alguém que dissesse: Ajo mal comigo mesmo para fazer a vovó sofrer. Apesar de tudo, nós que permanecemos, éramos isto: uma semente. Acho que é o único exemplo, na história do teatro, em que a semente constituída por sete atores, enquanto grupo, e seu líder, tenha durado tanto tempo, quase um quarto de século.

*Todo ator tem seus sonhos. Alguns sonham interpretar Hamlet ou o rei Lear. E você?*

**RC** – Tenho em mim uma curiosidade doentia pelas coisas novas. De fato, desde a infância, busco quem eu sou, o que realmente quero fazer. Poucos meses atrás, passei várias semanas no Canadá com um índio, aprendendo a viver no isolamento, no coração da floresta. Aprendi algumas coisas que antes nunca tive a oportunidade de experimentar. Por exemplo: como reconhecer pegadas de animais. Como, em alguns minutos, fazer um copo com uma casca de árvore. Mas, para voltar à minha profissão, não me tornei ator do dia para a noite. Primeiro, estudei durante um ano na Politécnica, em Cracóvia. Em seguida, pensei em dedicar-me à psiquiatria, e foi um de meus amigos, um ator, que me levou a inscrever-me na escola de teatro. Quando estava com Grotowski, tinha a intenção de estudar encenação na Escola de Cinema de Lodz. Quando assinei o contrato com Grotowski, tomei a precaução de declarar que ficaria apenas um ano. Mas, depois de um ano, compreendi que, na verdade, não tinha tido tempo para aprender grande coisa. Um novo ano então transcorreu, e depois um outro. Parece-me que, sobretudo na profissão de ator, nada é jamais concluído. O ator jamais pode dizer que terminou sua aprendizagem, porque isso não é verdade. Uma vez, quando ainda era estudante, li em uma antologia de literatura americana um poema de Crane, que reflete muito bem as buscas da minha vida. É um poema sobre um homem que corre para tocar o horizonte, convencido de que o tomará nas mãos. Pois é, nesta profissão, é assim. Mas nunca se chega a tocar o horizonte, e provavelmente é isso que é fascinante.

(Texto traduzido originalmente do italiano
para o francês por Marina De Carolis)

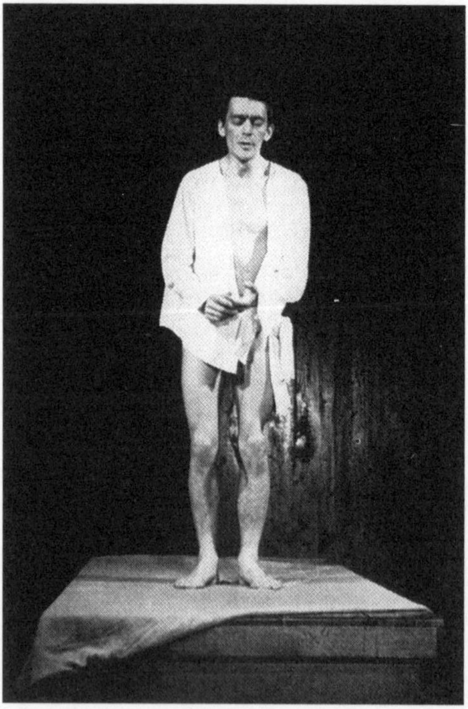

# Créditos Fotográficos

Centro de Estudos sobre a Obra de Jerzy Grotowski e de Pesquisas Teatrais e Culturais: capa, p. 17, 96, 109, 129, 136, 158 (para *O Príncipe Constante*);
p. 30, 44, 149 (retratos de Ryszard Cieslak).
Max Waldman: p. 13, 52-53 (fotos livres de direitos do *Theatre Drama Review*)
Piotr Bargez: p. 34-35.
Andrzej Babinski: p. 93, 103.
Roger Pic: p. 104.
Gilles Abegg: p. 141, 145.
Maquete:
Patrice Junius, Alternativas teatrais.

Agradecimentos:
Michelle Kokosowski, que defendeu, sustentou e participou na realização desta obra.
Claire David, que seguiu com particular atenção o trabalho de preparação e de edição.
Serge Ouaknine, que aceitou confiar-me os originais de seus desenhos-testemunhos.

G.B.

*Leia também:*

No teatro contemporâneo, o trabalho de Jerzy Grotowski é um dos mais significativos. Escrito por dois especialistas em teatro que trabalharam lado a lado com Grotowski, este livro é uma obra de referência que atravessa todos os aspectos do trabalho do diretor (principais produções, teorias, experimentações, projetos culturais), sendo ao mesmo tempo uma introdução a quem deseja conhecê-lo e uma fonte bibliográfica essencial aos já iniciados no tema.

Este livro esclarece a metodologia do ator, diretor e pedagogo polonês Zygmunt Molik, destacando o "Alfabeto do Corpo", sistema que permite que o ator concilie o corpo e a voz em seu processo de preparação. A edição inclui ainda uma extensa galeria de fotos que documentam a vida e o trabalho de Molik, além de um DVD com os filmes O Alfabeto do Corpo (2009), Dyrygent (2006) e Acting Therapy (1976).